愛默生之
英國人的特性（筆記版）

從階級制度到文化矛盾

美國文明之父筆下的
19世紀英國生活與風貌

愛默生 著
伊莉莎 編譯

地理 × 人種 × 社會風貌 × 教育 × 文學 × 宗教

從文化到人性，愛默生探究 19 世紀英國
由倫敦至蘇格蘭，以美國視角揭開深藏其間的傳統與矛盾

目 錄

前言

跨越大西洋：一位美國思想家的英倫之旅

英倫文化巡禮：一位美國學者的觀察

英倫初印象：一位美國旅人的觀察

> 追尋文學巨擘：一個年輕學者的精神之旅 ……………… 018
> 文藝復興時期的佛羅倫斯：與藝術大師的邂逅 ………… 019
> 山野隱士的智慧泉湧：拜訪卡萊爾的難忘時光 ………… 022
> 詩人與社會：華茲渥斯的深刻洞見 ……………………… 024
> 詩人與凡人：華茲渥斯的雙重面貌 ……………………… 026

赴英航行：理解英國人特有的傷感與情懷

> 海上漂流：一場生命與大海的對話 ……………………… 030
> 英倫花園：大英帝國的智慧與榮光 ……………………… 032
> 英倫風華：一個文明的巔峰與沉思 ……………………… 034
> 英倫風華：一個自由與智慧並存的島國 ………………… 036
> 英倫之光：不列顛人的優越性與世界影響力 …………… 037
> 種族與文明：交織的命運與演變 ………………………… 039
> 英倫風骨：大不列顛的民族熔爐 ………………………… 041

目錄

北方勇士的生存法則：現實主義與英雄主義……………043
從暴力到文明：英格蘭的蛻變之路…………………045
英格蘭的文明與野蠻：一個矛盾的國度………………047
英倫紳士：剛柔並濟的民族性格……………………048
英國人與馬：一場跨越世紀的浪漫…………………051
文化傳承與社會進步：從愛默生的視角看英國歷史………053
英格蘭：理性與經濟的勝利…………………………054
不列顛巨人山：鑄造英格蘭堅韌民族性的熔爐…………055
英國人的民主邏輯：正義與務實的平衡………………057
英國人的實用主義精神與工業革命的崛起……………059
英國人的堅韌精神：從海戰到日常生活………………061
英國精神：堅韌不拔的國民性格……………………063
人為的繁榮：英國社會的虛假與矛盾…………………065
英國精神：凝聚與進步的力量………………………066
探索者的羅盤：英國學者與冒險家的智慧之旅…………069
英格蘭：傳統的守護者與探索的先鋒…………………070
英倫風骨：勇氣與堅毅的民族特質……………………071
英倫島國的獨特性格：從精力充沛到個人主義…………073
英國家庭的溫馨與傳統：維多利亞時代的縮影…………075
英國晚宴：社交藝術的巔峰…………………………077
英國女性的堅毅與智慧：雷切爾‧羅素的故事…………079

誠信：英國人的立國之本

- 真誠：英國民族的靈魂基石……………………………… 082
- 堅守信念：英國人的獨特品格…………………………… 084
- 英國人的矛盾性格：固執與幻想並存…………………… 086
- 英式謹慎與坦蕩：一個矛盾而迷人的民族性格………… 088
- 變革時代的社會動盪……………………………………… 089

英倫島上的深沉民族：探索英國人獨特的性格特質

- 英國人的性格畫像：矛盾與多元的交織………………… 092
- 英倫魂魄：深沉而多變的民族性格……………………… 094
- 英倫民族的獨特魅力：從性格到世界影響……………… 096
- 英倫之魂：堅韌與沉靜的民族性格……………………… 098
- 英國人的自由與憂鬱：一個民族的永恆偏執…………… 100
- 文學巨匠的靈感之源：從莎翁到彌爾頓的智慧結晶…… 102

英倫風情：個性與偏見的交織

- 英倫之勢：從日不落帝國到世界舞臺的主角…………… 104
- 民族特性的迷思與個人價值的普世性…………………… 106
- 英國民主改革的艱難歷程………………………………… 108
- 新世界的探索者：亞美利哥・維斯普奇的航海傳奇…… 109

英國人與財富：一種獨特的崇拜文化

- 英國社會的階級鴻溝：牛津大學與工人階級的命運 …………… 112
- 機器時代的英國：工業革命的輝煌與陰影 …………………… 114
- 英國的財富崇拜：一個獨特的社會現象 ……………………… 116
- 英國的雙刃劍：工業化的繁榮與隱憂 ………………………… 118
- 英格蘭的繁榮與困境：一個時代的矛盾 ……………………… 120

英國貴族的光輝與衰退：一個時代的縮影

- 英倫貴族：從海盜到紳士的變遷 ……………………………… 125
- 家族的傳承：英國貴族的鄉村生活與社會變遷 ……………… 127

英國地名：訴說著這片土地悠久的歷史

- 土地與血脈：英國貴族的根深蒂固 …………………………… 130
- 英國貴族的優雅閒適與社會矛盾 ……………………………… 131
- 英倫貴族的學識與影響力：18世紀上院議員的教育背景 …… 133
- 英國貴族：歷史文物的守護者與鄉村革新的推動者 ………… 135
- 貴族的墮落與社會的反思：從喬治三世到維多利亞時代 …… 137
- 從貴族到紳士：英國社會階層的轉變與教育 ………………… 139
- 英倫風雲：貴族光環的褪色與新貴的崛起 …………………… 141
- 維多利亞時代的英國社會階層：從建築到政治 ……………… 142

牛津與劍橋：英國高等教育的雙峰

牛津大學：古老傳統與新興思潮的交會	147
英國學府的菁英培養：牛津與劍橋的學術傳統	149
牛津的學術傳統：薰陶與創新的交織	151
傳統與創新：牛津大學的教育困境與機遇	153
牛津大學：知識殿堂與天才搖籃	154
大學生活的百態：從湯姆・勃朗到霍布斯	156

英國宗教文化的深厚根基與現代轉變

英國教堂：信仰與文明的交織	161
神聖傳統與時代變遷：英國教會的輝煌與蛻變	162
英國思想的閥門：實用主義與宗教的微妙平衡	164
英國信仰的演變：從古老傳統到新時代思潮	166
教會的腐敗與虛偽：一個批判性的觀察	168

宗教之謎：信仰的本質與社會角色

19 世紀英國的思想解放與宗教改革 ……………………… 172

英倫文學魂：從莎翁到民謠，平凡中的非凡

| 英國詩歌之父：喬叟的文學遺產與影響 | 177 |
| 英國文學之魂：簡潔中的力量與活力 | 179 |

目錄

莎士比亞：英國天才的集大成者 …………………… 180
培根的哲學思想：追求普遍性與基礎知識的重要性 …… 181
思想的火花：伊莉莎白時代的知識圈與其影響 ……… 183
英國思想的衰落與德國科學的崛起 ………………… 185
英國文壇的世俗轉向：從理想主義到實用主義 ……… 187
時代洪流中的思想之光 ……………………………… 189
英倫智慧的囚籠：科學與人文的失衡 ……………… 191
詩魂的覺醒：回歸自然與崇高 ……………………… 193
東、西方文化的碰撞與融合 ………………………… 195

愛默生眼中的英國精神

十七世紀英國的文學巨擘：從泰勒到沃爾頓 ……… 201
心靈與物質的舞蹈：愛默生的哲學視角 …………… 202
愛默生的文學批評：深入剖析維多利亞時期小說 …… 204
思想交流的光輝時代：跨越大西洋的友誼 ………… 206
文學評論與社會觀察的交織 ………………………… 208

《泰晤士報》：英國民主的守護者

英倫筆鋒：社會脈動的忠實記錄者 ………………… 210
《泰晤士報》：19 世紀新聞界的巨擘 ……………… 212
《泰晤士報》：新聞界的巨人與時代的見證者 ……… 214
《泰晤士報》：權力的代言人與時代的晴雨表 ……… 216
英國自由主義的雙面性：理想與現實的矛盾 ……… 217

巨石陣之謎：時空交錯的古老智慧

文明的交會：索爾茲伯里平原的啟示	220
巨石陣的神祕之旅：古代智慧與現代思考的交融	222
巨石陣的神祕起源：古代智慧與現代推測的交織	224
威爾頓莊園：文學巨匠的靈感聖地	225
非暴力革命：一場雨中的思想交鋒	227
聖十字教堂：千年傳統與英格蘭歷史的縮影	229
文學交鋒中的深厚友誼	230

英倫風情：紳士淑女的優雅生活

尋訪英倫：名流與常人的真摯之交	234
詩人的樸素與爭議：華茲渥斯的生活軼事	236
英國思想的孤島：愛默生眼中的偏狹與抗拒	237
愛默生眼中的英倫文壇：期待與失落	239
英格蘭：商業王國的光榮與陰影	240
英國人的民族性：矛盾中的堅韌與惰性	243
封建制度：既是一種桎梏，又是一種機遇	244
英倫島嶼：自由精神的搖籃	245

帝國之夢與現實的碰撞

跨洋文化交流的啟示	248
撒克遜精神：英國人的帝國特質與民族特性	249
愛默生的文化觀察與美國情懷	251

目錄

前言

　　這次英國之行不僅是一次地理上的旅程，更是一次思想的探索。我希望透過親身體驗，能夠對英國有更深入的理解，同時也能夠反思美國的文化和社會。身為一個美國思想家，我深知我們的國家正處在一個關鍵的發展階段。透過比較英、美兩國的異同，我希望能夠為美國的未來發展提供一些有價值的思考。

　　在這次旅行中，我不僅要觀察英國的外在風貌，更要洞察英國人的內心世界。我想了解他們是如何思考的，他們的價值觀是什麼，他們對生活和世界的態度又是怎樣的。這些深層的探索，將幫助我更全面地理解英國這個國家的本質。

　　身為一個作家和演講者，我也希望能夠與更多人分享我的所見所聞和思考。我計劃在旅途中記錄下我的觀察和感悟，希望能夠寫出一本既能反映英國真實面貌，又能引發讀者思考的書籍。我相信，透過我的筆觸，美國讀者能夠更容易理解這個既熟悉又陌生的國度。

　　在英國的旅程中，我也不斷反思自己的身分和使命。身為一個美國知識分子，我既是一個觀察者，也是一個文化使者。我希望能夠在英美兩國之間搭建一座思想的橋梁，促進兩國的文化交流和相互理解。

　　這次旅行對我來說，不僅是一次開闊視野的機會，更是一次自我成長的過程。我相信，透過與不同背景、不同思想的人交流，我自己的思想也會得到深化和昇華。我期待在這片充滿歷史和文化底蘊的土地上，找到新的靈感和思考方向。

前言

　　英國之行也讓我思考美國的未來。作為一個年輕的國家，美國正在快速發展，但也面臨許多挑戰。透過觀察英國的經驗，無論是成功還是失誤，都能為美國的發展提供寶貴的參考。我希望能夠從英國的歷史中汲取智慧，為美國的未來發展提供一些啟示。

　　在這次旅行中，我也特別關注英國的教育體系，尤其是它著名的大學。牛津和劍橋這樣的學府享譽世界，我很好奇它們是如何培養人才的，它們的教育理念和方法又是什麼。這些觀察對於思考美國的教育改革也會有所啟發。

跨越大西洋：
一位美國思想家的英倫之旅

在19世紀中葉，當美國還在尋找自己的文化身分時，一位來自新英格蘭的思想家踏上了跨越大西洋的旅程。這位思想家就是我，拉爾夫・愛默生。1847年的秋天，應英國朋友的邀請，我懷著既興奮又忐忑的心情，登上了開往英國的輪船。

這次旅行對我來說意義非凡。作為一個土生土長的美國人，我對英國這個曾經的宗主國既熟悉又陌生。熟悉是因為我們共享語言和文化傳統，陌生則源於我們已經走上了不同的發展道路。我渴望親眼看看這個在美國人心中既是母國又是對手的國度，想要了解它的國土、人民、習俗和思想。

船上的日子漫長而寧靜，給了我充分的時間思考和準備。我回顧了自己的人生經歷：從小在波士頓長大，在哈佛大學求學，短暫擔任牧師後又辭去教職。我想起了自己早年的歐洲之行，那次旅行開闊了我的視野，也堅定了我追求思想獨立的決心。這一次，我希望能夠以更成熟的眼光來觀察和思考。

當船靠近英國海岸時，我的心情越發激動。這片土地孕育了莎士比亞、牛頓和洛克，它的歷史和文化深深吸引著我。我迫不及待地想要踏上這片充滿傳奇的土地，親身體驗它的風土人情。

終於，我們抵達了利物浦港。踏上英國的土地那一刻，我感到一種奇妙的親切感。街道上熙熙攘攘的人群，古老而莊重的建築，以及空氣

 跨越大西洋：一位美國思想家的英倫之旅

中瀰漫的煤煙味，都讓我感受到這是一個既熟悉又陌生的世界。

在接下來的幾個月裡，我將在英國各地旅行和演講。我計劃深入考察英國的國土、種族、才能和習俗，探討英國人的真誠和性格特點。我也很好奇英國的安樂鄉生活，以及他們如何看待財富和階級。作為一個學者，我尤其關注英國的大學教育和宗教生活。

此外，我還希望能夠深入了解英國的文學和新聞界，特別是享有盛名的《泰晤士報》。我也計劃參觀充滿神祕色彩的巨石陣，探索這個古老文明的遺跡。在旅程中，我期待能結識許多有趣的人物，聆聽他們的故事，了解他們的思想。

這次英國之行不僅是一次地理上的旅程，更是一次思想的探索。我希望透過親身體驗，能夠對英國有更深入的理解，同時也能夠反思美國的文化和社會。

英倫文化巡禮：一位美國學者的觀察

　　本書是我初訪英國的見聞錄。作為一位來自美國的學者，我懷著好奇與敬意踏上這片土地，希望能夠深入了解這個偉大國家的各方面。

　　全書分為十九章，涵蓋了我在英國遊歷期間的諸多觀察與思考。從赴英航行的經歷開始，我詳細記錄了英國的地理環境、民族特徵、人文風貌等。英國人的才能、習俗、真誠、性格等方面都給我留下了深刻印象，我試圖用客觀中立的視角來描述這些特質。

　　在社會層面，我探討了英國的鄉村生活、財富分配、貴族制度等話題。作為一個學者，我特別關注了英國的大學教育，並考察了宗教、文學等文化領域。《泰晤士報》等媒體機構也是我觀察的重點之一。

　　此外，我還參觀了著名的巨石陣，並記錄了一些令我印象深刻的人物。在曼徹斯特的演講是我此行的一個重要節點，我將在那裡與英國學者進行思想交流。

　　全書以客觀、理性的筆觸描繪了19世紀末20世紀初的英國社會圖景，既有細膩入微的觀察，又不乏宏觀層面的思考。我希望透過這本書，能夠為東、西方文化交流搭建一座橋梁，增進彼此的理解與尊重。

英倫文化巡禮：一位美國學者的觀察

英倫初印象：一位美國旅人的觀察

踏上英格蘭的土地，我感受到的是一種既熟悉又陌生的氛圍。作為一個美國人，英語是我的母語，但這裡的一切卻又如此不同。倫敦的街道上瀰漫著一種獨特的氣息，它既古老又現代，既保守又自由。

我和我的藝術家朋友漫步在倫敦的街頭，周圍的建築彷彿在訴說著悠久的歷史。從倫敦塔到齊普賽街，再到河岸街，每一步都讓我感受到這座城市的文化底蘊。街上的行人不多，但每個人的舉止都透露出一種內斂的優雅。

英國人給我的第一印象是既保守又充滿想像力。他們似乎在日常生活中遵循著嚴格的規範，但在思想上卻又追求自由。這種矛盾的特質讓我感到既困惑又著迷。我開始思考，這種特質是否正是孕育出眾多傑出文學作品的土壤。

在羅素廣場邊的住處，我們感受到了英國人對生活品質的追求。房間的布置考究而舒適，讓我們不由自主地收斂了旅途中的粗魯習慣。這種環境的變化，也讓我開始反思自己的行為舉止。

初到英國，我帶著對這個國家文學巨匠的崇敬之情。然而，我也意識到，真正理解一個國家和它的文化，需要更深入的觀察和體驗。我期待在接下來的日子裡，能夠真正融入這個既熟悉又陌生的國度，去感受它的脈搏，理解它的精神。

英倫初印象：一位美國旅人的觀察

▍追尋文學巨擘：一個年輕學者的精神之旅

在我青年時期，文學的魅力如同一道耀眼的光芒，照亮了我的心靈。那些在《愛丁堡評論》上揮灑筆墨的文豪們，如傑弗里、麥金托什、哈勒姆等人，成為我心中的偶像。儘管我對他們的作品了解有限，卻無法抑制內心對這些文學巨擘的崇敬之情。

我渴望能親眼目睹柯勒律治、華茲渥斯、蘭多、德・昆西等人的風采，尤其是近來在評論界嶄露頭角的卡萊爾。這種渴望之情如此強烈，以至於在我病中休養時，竟萌生了踏上歐洲之旅的念頭。若歌德尚在人世，我定會不遠萬里前往德國拜訪。

然而，我並非對所有當代英國作家都懷有同等的敬意。除了上述提到的幾位，以及後來在威伯福斯的葬禮上偶然見到的威靈頓公爵外，其他作家在我眼中都顯得黯然失色。

年輕時，我們常常夢想著能與那些睿智的學者比肩而立，認為這是莫大的榮幸。殊不知，這些學者往往已成為自己思想的囚徒，固執己見。我逐漸意識到，真正的文學成就應該建立在打破既有權威的基礎之上。文學與自由相伴而生，不同流合汙。

正因如此，我寧願跋山涉水去尋訪那些享有盛名的作家，也不願與身邊那些眼界狹隘、斤斤計較的普通人為伍。在我看來，真正的智者應該胸襟開闊、知足常樂、平易近人，他們的為人品格往往超越其作品本身。這一直是我所堅持的信念。

這趟尋訪文學巨擘的旅程，不僅是一次地理上的遠行，更是一次精神上的探索。它塑造了我的文學觀，也深深影響了我對生活的態度和價值判斷。

文藝復興時期的佛羅倫斯：
與藝術大師的邂逅

在佛羅倫斯這片孕育了無數藝術瑰寶的沃土上，我有幸結識了幾位當代藝術界的翹楚。其中最令我印象深刻的，莫過於雕塑家霍雷肖·格里諾。初見格里諾時，我便被他英俊瀟灑的外表所折服。他不僅儀表堂堂，更是一位學識淵博、見解獨到的藝術家。

格里諾對古希臘藝術情有獨鍾，認為希臘人以學派或社團的方式研究學問的模式值得後人效仿。他認為只有藝術家們相互合作、薪火相傳，藝術才能真正繁榮昌盛。這種觀點在當時的藝術界無疑是振聾發聵的。

格里諾對建築藝術也有獨到見解。他主張建築設計應當科學合理，形式要服從功能，裝飾要有充分理由。這種理念可謂開創先河，為後來的現代主義建築奠定了理論基礎。

除了格里諾，我還有幸拜訪了著名作家蘭多先生。蘭多的別墅坐落在風景如畫的山丘上，環境優雅。雖然外界對蘭多評價褒貶不一，但我所見到的蘭多卻是一位謙遜有禮、談吐不凡的紳士。

蘭多對文學和藝術有著獨特的品味。他推崇古希臘文學，尤其鍾愛希臘雕塑。在繪畫方面，他偏愛拉斐爾等文藝復興大師。這些品味無不彰顯出他對古典藝術的推崇。

透過與這些藝術大師的交流，我深深感受到了佛羅倫斯這座城市深厚的人文底蘊。在這裡，古典與現代交融，傳統與創新並存。這片滋養了達文西、米開朗基羅的土地，如今仍在孕育著新一代的藝術先驅。佛羅倫斯，不愧為藝術的搖籃。

英倫初印象：一位美國旅人的觀察

蘭多先生的文學沙龍：一場智慧與偏執的盛宴

蘭多先生的家就像一座充滿奇思妙想的迷宮，每個角落都藏著令人驚喜的珍寶。週五的早餐邀約成了一場別開生面的文學沙龍，我和格里諾懷著期待如約而至。

剛踏入門檻，蘭多先生就迫不及待地用裘力斯·凱撒的六音部詩行為我們洗耳。他自豪地宣稱這首詩出自《多納圖斯》，彷彿在炫耀一件稀世珍寶。接著，他滔滔不絕地評價起各路名人，對切斯特菲爾德勛爵讚不絕口，卻對伯克和蘇格拉底頗有微詞。他甚至像個果樹學家一樣，精挑細選出華盛頓、福西翁和提摩勒翁作為他心目中的三大偉人，還不忘對他們名字的尾字母品頭論足。

當我提及阿米奇教授的顯微鏡時，蘭多先生雖對昆蟲學不屑一顧，卻巧妙地以「細微之處見精神」來回應，不經意間流露出他的博學多聞。然而，當我試圖引入赫雪爾這位當代名家時，他卻裝作從未聽聞，展現出一種選擇性的無知。

蘭多先生的房子就像一座小型博物館，牆上掛滿了各式各樣的畫作。他特別鍾愛一幅據稱是多梅尼奇諾的作品，甚至願意以五十幾尼的高價收購真跡證明。相比之下，他的圖書室卻顯得有些寒酸，這或許是因為他慷慨地將書籍贈予他人的緣故。

蘭多先生無疑是個充滿矛盾的人物。他擁有一顆神奇的頭腦，既專橫又狂暴，卻又永不枯竭。本該成為一名軍人的他，卻陰差陽錯地成了文人。儘管縱橫文壇，他骨子裡仍保留著對英雄主義的痴迷。可惜的是，他的才華在英國似乎未能得到應有的認可，常常遭到《評論》雜誌的猛烈抨擊。

然而，時間終將證明一切。那些苛刻的批評終會被人遺忘，而蘭多先生優雅文字中蘊含的智慧、聰穎和憤慨，卻將長存於後人的心中，成為學者們年復一年品味的珍寶。

那是個難忘的午後，我有幸拜訪了文壇巨擘柯勒律治先生。他的家在海格特，一個倫敦近郊的寧靜小鎮。踏入他的書房，我立即被濃厚的學術氛圍所吸引。

柯勒律治先生雖然身材矮小，但他的存在感卻無比強烈。他那雙明亮的藍眼睛閃爍著智慧的光芒，面容和藹可親。儘管年事已高，他的思維依然敏捷，談吐更是引人入勝。

我們的談話從藝術開始，柯勒律治先生熱情洋溢地談起他的朋友奧爾斯頓。他將奧爾斯頓比作提香，讚揚他卓越的藝術才華。這讓我深感柯勒律治先生不僅是文學大師，在藝術鑑賞上也有獨到見解。

隨後，話題轉向了宗教。柯勒律治先生對一神論提出了尖銳的批評，這讓我頗感意外。他滔滔不絕地論述三位一體的教義，引經據典，思維敏捷。即使我坦言自己是一神論者，他也毫不避諱地繼續闡述自己的觀點。這種坦誠和直率，讓我對他更加欽佩。

在談及錢寧博士時，柯勒律治先生展現出了他獨特的洞察力。他認為很多人崇尚基督教的善，卻忽視了它的真。這番見解讓我陷入深思，也讓我更深入地了解了柯勒律治先生的宗教觀。

臨別之際，柯勒律治先生還為我朗誦了他最新創作的詩歌。那優美的韻律和深刻的內涵，讓我再次感受到了這位文學巨匠的才華橫溢。

離開時，我的腦海中充滿了新的思考和靈感。這次拜訪不僅讓我更深入地了解了柯勒律治先生，也讓我對文學、藝術和宗教有了新的認知。這無疑是一次難忘的思想之旅，讓我獲益匪淺。

英倫初印象：一位美國旅人的觀察

山野隱士的智慧泉湧：
拜訪卡萊爾的難忘時光

我懷著莫大的期待踏上了前往克雷根普托克莊園的旅程。這個位於蘇格蘭荒野深處的農莊，正是那位孤寂而睿智的學者湯瑪斯‧卡萊爾的隱居之所。一路顛簸，馬車穿過蜿蜒的鄉間小路，最終停在了一座樸素的農舍前。

卡萊爾的形象立刻給我留下了深刻的印象。他高瘦的身材，高聳的眉毛，沉穩的氣質，無不彰顯著一位智者的風範。然而，最令我驚訝的是他那口濃重的北方口音和滔滔不絕的談吐。

我們的談話宛如一場思想的盛宴。卡萊爾以其獨特的視角評論著世間百態，為熟悉的事物賦予新的名稱。他稱《布萊克伍德月刊》為「沙子雜誌」，《弗雷澤月刊》為「泥巴雜誌」，這些生動的比喻令我莞爾。

卡萊爾的幽默感更是令人印象深刻。當談到某位天才時，他竟然轉而讚美起自己的豬來，稱讚這隻聰明的畜生總能找到逃脫的辦法。這種出人意料的比喻不僅引人發笑，更彰顯了他對人性的深刻洞察。

在這個遠離塵囂的農莊中，卡萊爾的精神世界卻是如此廣闊。他對歷史、文學、政治都有獨到的見解。他談到尼祿之死時的熱情，討論美國問題時的深入，都讓我感受到了一個真正的學者應有的博學與洞察力。

離開時，我深感這次拜訪遠超出了我的預期。卡萊爾的智慧如同一泓清泉，在這荒野中悄然流淌，滋養著每一位有幸親近他的人。這次難忘的經歷讓我明白，真正的智慧往往誕生於寂靜之中，而卡萊爾正是這寂靜中的一位偉大思想家。

卡萊爾這位19世紀的文壇怪傑，對於知識的渴求可謂無窮無盡。他的閱讀範圍之廣，令人嘆為觀止。從童年時代的《魯賓遜漂流記》，到後來的《項狄傳》和羅伯斯頓的《美國史》，每一本書都在他的思想世界中留下了深刻的印記。盧梭的《懺悔錄》更是讓他意識到自己的智慧潛力，激發了他持續十年學習德語的決心。

然而，隨著閱歷的增長，卡萊爾對文學界的現狀也產生了深刻的憂慮。他尖銳地批評了當時書商們為推銷書籍而大肆投放廣告的做法，認為這種行為使得報紙失去公信力，也導致讀者對書籍興趣的減退。在他看來，這種現象正在將書商們推向破產的邊緣。

卡萊爾的思考並不局限於文學界，他的目光更是投向了整個社會。他關注英國的貧困問題，譴責公職人員的自私自利。對於愛爾蘭貧民的困境，他既表現出同情，也提出了自己的見解。他認為政府應該為窮人提供適當的引導，而不是任由他們流浪荒原。卡萊爾的妻子常常分享食物給這些貧民，這種善舉也影響了他的思想。

在與朋友的漫步中，卡萊爾展現了他對歷史的深刻洞察力。他認為時間只是一種相對的存在，每一個歷史事件都與現在和未來緊密相連。從耶穌被釘十字架，到鄧斯科爾教堂的建立，再到現在的我們，歷史的長河將所有事物串聯在一起。

卡萊爾雖然不願陷入咄咄逼人的思辨中，但他對靈魂不朽等哲學問題的探討卻顯示出他思想的深度和廣度。他以誠懇而真摯的態度面對這些終極問題，展現出一位真正智者的風範。

透過卡萊爾的閱讀經歷和思想歷程，我們看到了一位不斷探索、思考的知識分子形象。他對書籍的熱愛，對社會問題的關注，以及對歷史和哲學的深入思考，共同構成了這位文壇怪傑豐富而深邃的內心世界。

英倫初印象：一位美國旅人的觀察

詩人與社會：華茲渥斯的深刻洞見

　　在一個陽光明媚的八月天，我有幸拜訪了英國浪漫主義詩歌運動的巨擘——威廉‧華茲渥斯先生。這位年近古稀的詩人，雖然外表平凡，卻蘊含著深邃的思想和敏銳的洞察力。

　　華茲渥斯先生以其特有的幽默感開場，談及他最近的一次小意外。他不以為意地提到摔倒掉了一顆牙齒，還打趣說幸好不是發生在四十年前。這種豁達的態度，不禁讓人想起他詩中所頌揚的自然之美和人性之善。

　　然而，當談話轉向更為嚴肅的社會話題時，華茲渥斯先生的神情變得凝重起來。他對美國社會的觀察尤為深刻。在他看來，美國雖然在物質上蓬勃發展，卻缺乏一個能夠為社會帶來正直風氣的「紳士階層」。他擔憂美國人過於拜金，將政治榮譽視為目的而非手段。

　　有趣的是，華茲渥斯先生對美國報紙的關注超過了教堂和學校。他認為報紙是社會的晴雨表，能夠反映出一個國家的真實面貌。他提到了一個令人驚訝的例子：美國報紙竟敢指控國會議員偷湯勺！這種勇於揭露真相的勇氣，在華茲渥斯先生看來，是社會進步的重要象徵。

　　然而，華茲渥斯先生也警惕過度的言論自由可能帶來的負面影響。他反對英國對報紙免稅，認為這可能導致低劣報紙氾濫成災。這種平衡的觀點，展現了詩人對社會發展的深思熟慮。

　　最後，華茲渥斯先生強調了修身養性、處亂不驚的重要性。他認為，真正的社會進步不應該依靠武力壓服，而應該透過個人的道德修養和社會的文化提升來實現。

　　這次難忘的會面，不僅讓我們看到了一位偉大詩人的智慧，更讓我們深入了解了他對社會、政治和人性的深刻思考。華茲渥斯先生的洞

見，在今天依然具有重要的現實意義。

漫步在華茲渥斯故居的花園小路上，我彷彿踏入了一個充滿詩意的世界。這條幽靜的小徑曾給予詩人無限靈感，如今也成為我們文學交流的舞臺。華茲渥斯先生展現出對文學的深刻見解，他的評論既尖銳又獨到。

談及古典作家，華茲渥斯對盧克萊修的推崇超過維吉爾，不是因為其理論體系，而是欣賞其無與倫比的實證能力。這種獨特的觀點讓我對他的文學品味有了更深入的理解。

我們的對話自然而然地轉向了當代作家。華茲渥斯對卡萊爾的評價頗為嚴厲，稱他有時是個「蠢蛋」。然而，他也承認卡萊爾思想深邃，只是對其晦澀的寫作風格頗有微詞。這種直率的批評展現了華茲渥斯對文學的嚴格標準。

當談到歌德的《威廉・邁斯特的學徒歲月》時，華茲渥斯的態度更加激烈。他對書中的道德內容深感不滿，甚至將其比作「空中亂飛的蒼蠅在交媾」。儘管我試圖緩和他的情緒，但這番言論仍然反映了他對文學作品道德層面的重視。

我們的談話最終回到了華茲渥斯自己的創作上。他慷慨地為我朗誦了他最新創作的三首關於芬高爾洞的十四行詩。這一刻，我真切地感受到了詩歌的魅力和華茲渥斯作為詩人的才華。他對創作的態度謹慎而認真，不急於發表作品，而是不斷修改完善。

在這次難忘的會面中，我深刻體會到了華茲渥斯對詩歌的熱愛和執著。他認為最好的文字應該能夠將真理和感情相結合，這種見解無疑是其詩歌創作的核心理念。離開時，我帶走的不僅是對這位偉大詩人的敬意，更是對文學藝術本質的深刻思考。

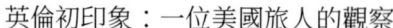

英倫初印象：一位美國旅人的觀察

▎詩人與凡人：華茲渥斯的雙重面貌

　　華茲渥斯的詩歌選擇反映了他對文學的深刻理解和個人品味。他挑選的〈序曲〉和〈漫遊〉等十四行詩，以及〈致雲雀〉這首詩，都展現了他對人性和自然的獨特洞察。然而，華茲渥斯的思想並非局限於詩歌創作。他對科學理論的看法頗具洞見，認為即便是牛頓的理論也可能有朝一日被取代或遺忘，如同道耳吞的原子理論一樣。

　　在參觀華茲渥斯的故居時，我們可以感受到這位詩人曾經生活和創作的氛圍。這裡是眾多優秀詩篇誕生的搖籃，充滿了詩意和靈感。然而，華茲渥斯並不滿足於僅僅展示他作為詩人的一面。他還帶我參觀了一位普通年輕人的圍場，這塊由華茲渥斯贈予的土地被年輕人巧妙地設計改造。這個舉動展現了華茲渥斯對普通人生活的關注和欣賞。

　　在返回客棧的路上，華茲渥斯跟我走了很長一段路。我們邊走邊聊，他不時引經據典，展現出淵博的學識。這次深入的交談讓我對華茲渥斯有了更全面的了解。他以對真理的無限忠誠而聞名，但並不以此炫耀。然而，他思想的某些局限性也令人驚訝。

　　華茲渥斯的思維方式呈現出典型的英國特色，既狹隘又傳統。他似乎透過在大多數方面表現得平庸順從來突顯自己的高尚品格。當話題超出他熟悉的領域時，他的觀點就顯得缺乏深度。這種現象並不罕見，許多人為了緩和自己在某一方面對常理的背離，會在其他方面刻意表現得循規蹈矩。

　　整體而言，華茲渥斯給人留下了一個複雜的印象：他既是一位才華橫溢的詩人，又是一個帶有某些局限性的普通人。這種雙重性格使他成為一個引人入勝的研究對象，也讓我們對人性的複雜有了更深入的理解。

泰倫斯：被時代遺忘的喜劇大師

在古羅馬文學的長河中，泰倫斯無疑是一顆璀璨的明珠。他被譽為「米南德的化身」，這個稱號本身就彰顯了他在喜劇創作領域的卓越成就。米南德是古希臘新喜劇的代表人物，泰倫斯能與之相提並論，足見其才華之高。

泰倫斯的語言清晰優美，文筆流暢動人。他的作品不僅展現了高超的文學技巧，更蘊含著深刻的人性洞察。每一句臺詞，每一個情節，都如同一把精巧的鑰匙，開啟觀眾心靈深處的共鳴之門。這種文字的魔力，使他的作品歷經千年而不衰，仍能引發今人的讚嘆。

然而，正如詩中所言，泰倫斯似乎在某些方面仍有所欠缺。這或許指的是他在喜劇效果的掌握上還不夠純熟。儘管如此，這絲毫不影響他在羅馬文學史上的地位。他的作品與希臘經典相比毫不遜色，甚至在某些方面更勝一籌。

可惜的是，泰倫斯的才華並未得到當時社會的充分認可。他的作品雖然藝術價值極高，卻未能在當時的羅馬舞臺上獲得應有的成功。這種被忽視的遭遇，不禁讓人為之惋惜。正如詩中所嘆：「這是我感到遺憾的一件事，為你的逝去而傷心，啊，泰倫斯。」

然而，時間終將還泰倫斯一個公道。今天，我們回顧他的作品，依然能感受到那份跨越時空的藝術魅力。泰倫斯的喜劇，不僅是羅馬文學的瑰寶，更是人類文化遺產中的一顆明珠。他的才華，他的智慧，將永遠閃耀在文學的星空中。

英倫初印象：一位美國旅人的觀察

赴英航行：
理解英國人特有的傷感與情懷

　　我登上了「華盛頓・歐文」號郵輪，踏上了這趟前往英國的旅程。大西洋的浩瀚海域，就如同英國人通向他們王宮的生財之道，也成了我通向知識和新體驗的航道。

　　航行初期，我們的進度緩慢得令人沮喪。四天的航程竟只走完了原本一天的距離。然而，大自然似乎聽到了我們的焦急，一場暴風雨驅使著船隻飛速前進。我們的船宛如一條大魚，在海浪中穿梭，越過一個又一個海平線。

　　在這片浩瀚的水域上，我看到了海鷗、鸌、海鴨和海燕在四周嬉戲，牠們的自由與灑脫讓我不禁思考人類的束縛與追求。我們追趕超越其他帆船的過程，也讓我聯想到人生的競爭與超越。

　　航行途中，危險無處不在。暴風雨、碰撞、海嘯、海盜、嚴寒和雷電的威脅時刻存在。這讓我想到了薩迪的話：「海上航行有諸多利益可圖，但就是缺乏安全保障。」這何嘗不是人生的寫照？我們追求利益與成就，卻也不得不面對隨之而來的風險。

　　在這 12 天的危險航程中，我不僅經歷了身體上的挑戰，更是一次心靈的冒險。我開始理解為何英國人會有那種特有的傷感與情懷，也許正是這片大海孕育了他們獨特的民族性格。

　　這趟旅程不僅僅是為了完成受邀的講座，更是一次難得的自我探索

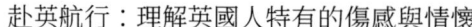
赴英航行：理解英國人特有的傷感與情懷

與思考的機會。儘管我原本並不熱衷於長途旅行，但此刻我感受到了改變環境帶來的新鮮感，以及大海那令人敬畏的魅力對身心的洗滌作用。

在航向英國的過程中，我開始期待即將到來的英格蘭和蘇格蘭之旅。我相信，這次旅程不僅會讓我結識新朋友，更會讓我對這個海洋民族有更深刻的理解。

海上漂流：一場生命與大海的對話

在這個平凡的夜晚，我們的郵輪正穿梭於浩瀚的海洋之中。她像一隻優雅的水鴨，以穩健的步伐在水面上滑行。這艘 750 噸的鋼鐵巨獸，連同貨物共重 1,500 噸，卻在海浪中顯得如此輕盈。

夜幕降臨，海面上閃爍著螢光，彷彿是大海在向我們揮手致意。我們的船以每小時十一海里半的速度前進，留下一道閃耀的尾跡。這種奇妙的景象讓我想起了赤道附近的海域，那裡的海水發出的微光甚至能讓人讀清蠅頭小字。

然而，海上生活並非總是如此詩意。它更像是一種需要慢慢適應的囚禁生活。船艙裡充斥著喧囂和怪味，床鋪時常傾斜，讓人難以入眠。但漸漸地，我們開始習慣這種生活方式，就像人們慢慢愛上番茄和橄欖一樣。

海洋是一個充滿矛盾的存在。它時而平靜如鏡，時而怒濤洶湧。對地質學家而言，海洋是唯一保持古老水平狀態的地方，而陸地卻在不斷變化。海洋的力量如此巨大，以至於它可能在未來的某一天吞噬整個人類文明。

儘管如此，人類仍然無法抗拒海洋的魅力。就像那個偷偷藏在麵包櫥裡的小男孩，渴望體驗海上生活。水手們的生活充滿冒險，雖然待遇

不佳，卻仍然被這片藍色的世界所吸引。

在這片浩瀚的海洋上，我們每個人都是一個小小的存在，但卻與這個龐大的生態系統緊密相連。海洋教會了我們敬畏自然，也讓我們深刻地意識到生命的渺小和珍貴。這場與大海的對話，或許就是我們此行最寶貴的收穫。

海洋，這個神祕而浩瀚的世界，對於那些立志成為水手的人來說，既是挑戰也是機遇。它的無情與威力足以摧毀城市人的驕傲，但同時也為高尚的行為創造了舞臺。一個優秀的水手不僅需要精湛的技術，更需要宏大的思想和寬廣的胸懷。

海洋就像一本厚重的百科全書，只有那些懷著求知欲的人才能窺探其中的奧祕。每次航行都是一次難得的學習機會，水手們可以利用這段時間來充實自己，而不是將寶貴的時光浪費在抱怨天氣、批評同伴或是酒館狂歡上。

我曾經發現，在船上閱讀那些曾經讓我昏昏欲睡的古典著作，竟會有全新的體驗。或許是因為環境的變化，使得這些文字煥發出新的生命力。雖然船上的圖書室光線不佳，藏書也不多，但巴茲爾·霍爾、大仲馬、狄更斯等作家的作品仍然成為我們精神的慰藉。

船上的生活不僅僅是閱讀，更是一場思想的盛宴。來自不同背景的旅客們彼此交流，分享各自的經歷和知識。在這種氛圍中，那些長期困擾你的問題可能會突然得到解答，帶來無與倫比的喜悅。

然而，我們不能忽視海上生活的挑戰。它是對一個人意志力的嚴峻考驗，甚至比大學考試更為艱難。那些看似漫長的日子飛快流逝，雖然實際上可能只有十五、六天。但正是這些日子，塑造了一個真正的水手。

所以，對於那些渴望成為水手的人來說，海洋不僅是一片水域，更

031

赴英航行：理解英國人特有的傷感與情懷

是一所學校。它教會我們謙卑、堅強，也激發我們探索和學習的熱情。在這裡，每一天都是新的冒險，每一次航行都是成長的機會。

英倫花園：大英帝國的智慧與榮光

英格蘭這片土地，宛如造物主精心雕琢的花園。在灰濛濛的天空下，精耕細作的田野錯落有致，恰似藝術家筆下的絕美畫卷。這裡的一草一木，無不訴說著英國人對自然的征服與改造。

千百年來，英國人以其獨特的智慧，將這塊原本荒蕪的不毛之地，打造成了舒適富庶的人間樂土。縱觀世界歷史，若論近千年來最為成功的國家，當屬英國莫屬。他們不僅在本土創造了奇蹟，更將勢力擴展到遙遠的海外，建立起日不落帝國的輝煌。

英國人對海洋的掌控堪稱絕佳。大西洋航道不僅是他們通往世界的門戶，更是他們累積財富的泉源。他們自詡為海上霸主，強迫他國船隻交納航稅，以彰顯其威嚴。即便後來荷蘭等國崛起挑戰其地位，英國人仍堅持帝國的疆界延伸至海洋的盡頭。

登陸英國，濃郁的英倫氣息撲面而來。英國人特有的情懷、價值觀念以及悠久的歷史文化，都深深烙印在這片土地上。從繁華的城鎮到鄉間的莊園，處處彰顯著英國人的智慧結晶。

然而，英國的成功並非偶然。這個民族長期以來充分發揮人才，物盡其用。無論是可耕種的土地，還是蘊藏豐富的礦產，都被充分利用。四通八達的交通網路和頻繁的技術交流，更是推動了英國的蓬勃發展。

英國的繁榮昌盛，正如阿爾菲耶里所言，堪稱人類的樂土之一。它不僅是歐洲的縮影，更是人類文明的典範。英國人用智慧征服自然，用

勤勞創造財富，在這片土地上譜寫了一曲輝煌的文明樂章。

作為一個美國旅者，我踏上了英格蘭的土地，心中充滿了對這個曾經「日不落帝國」的好奇與敬畏。乘坐著比火車速度快近兩倍的旅行快車，我穿越山川河流，穿梭於城鎮之間。在舒適的車廂中，我沉浸在《泰晤士報》的世界裡，感受著這個小島國對全球的掌控力。

不禁思索，是什麼讓這個面積不大的島國變成影響全世界的大英帝國？答案似乎藏在英國人的智慧與成功之中。若要評判一個民族的智慧，成功無疑是最好的標準。而在過去近千年的歷史長河中，英國無疑是最成功的國家之一。

英國的影響力遠超其地理範圍。它不僅在政治和經濟上主導著世界，更深刻地影響了全球的思想和價值觀。作為一個美國人，我更能體會到英國文明對我們的深遠影響。美國的成就，某種程度上可以說是英國智慧在新大陸的延續和發展。

從文學到科技，從法律到道德，英國的影子無處不在。我們閱讀的每一本書，每一齣戲劇，每一個愛情故事，都或多或少帶有英國的歷史印記和文化風格。這種影響力之大，甚至讓一位英國人半開玩笑地說：「如果你們不給我們版權，我們可要對你們不客氣。」

然而，評價英國文化並非易事。它就像一個複雜的案件，每個人都與之有關聯，難以保持完全的客觀。儘管如此，我們不得不承認，英國對每個民族都灌輸了她的文明、才智和情趣。同時，為了避免被英國文化完全主導，其他民族也在尋找更為理想的價值標準，如古希臘和東方的遠古文化，以此來平衡英國文化的影響。

整體而言，英國文化的偉大之處，或許正在於它喚醒了人們獨立思考的意識，激發了我們對更廣闊世界的好奇與探索。

赴英航行：理解英國人特有的傷感與情懷

▍英倫風華：一個文明的巔峰與沉思

　　倫敦，這座古老而現代的城市，如今正處於其黃金時代的頂峰。漫步在利德賀街上，我們不禁為這座城市的繁華與活力所震撼。兩旁林立的古老建築訴說著悠久的歷史，而川流不息的車水馬龍則彰顯著當代的繁榮。這座城市，乃至整個英格蘭，似乎都在向世人展示著一個帝國的輝煌與底蘊。

　　然而，細心的觀察者或許已經察覺到，這份輝煌背後隱藏著微妙的變化。近年來，人們對英國的興趣似乎有所減退，這或許預示著一個時代的轉捩點即將到來。儘管如此，此刻的英格蘭仍然是一片值得深入探索的沃土。

　　英格蘭的魅力不僅在於其繁華的都市，更在於遍布全島的文化瑰寶。從史前的巨石陣到哥德式的約克大教堂，每一個時代都在這片土地上留下了深刻的印記。其中，約翰·索恩爵士博物館堪稱英國文明的縮影。這座原本是建築大師私人住宅的博物館，以其獨特的設計和豐富的藏品，成為理解英國文化的一扇窗口。

　　大自然似乎也特別眷顧這片土地。英格蘭的氣候溫和宜人，四季分明卻不極端，為農業和戶外活動提供了理想的條件。正如查理二世所言，英格蘭人在戶外度過的時間可能比世界上任何其他國家的人都多。

　　這片土地的富饒不僅展現在氣候上，更展現在其豐富的自然資源中。從煤炭到鐵礦，從肥沃的土壤到綿延的河流，英格蘭擁有支撐一個強大工業國家所需的一切。而其豐富的野生動物資源，更是為不同階層的人們提供了多樣化的飲食選擇。

　　站在這個時代的節點上，我們不禁要問：這是否是見證一個偉大

文明巔峰的最佳時機？抑或是在見證一個帝國緩慢而不可避免的衰退開端？無論如何，此刻的英格蘭，無疑是一個值得深入探索和思考的地方。

泰晤士河，這條英國的母親河，如同「一部流動的歷史」，默默見證了倫敦的興衰榮辱。千百年來，她忠實地記錄著這座城市昔日的繁華、曾經的落寞，以及當下不甘落後的奮進精神。這條河流不僅塑造了倫敦的地理面貌，更深刻影響了整個英國的命運。

英國得天獨厚的地理位置，恰似一艘停泊在歐洲邊緣的巨輪。北海的一場巨浪，在地質學上留下了痕跡，它斷開了連線肯特郡、康瓦爾郡與法國的古老地峽，造就了這個面積可觀的島國。這片孤立而又獨特的土地上，播撒著民族力量的種子，近可觀察歐洲大陸的風雲變幻，遠則需要最專業、最勇敢的水手才能跨越重重障礙。

正是這樣的地理優勢，使英國在世界商業格局中占據了得天獨厚的位置。泰晤士河的開發更是將這個優勢發揮到了極致。從倫敦到出海口的特別航道，為數不勝數的商船提供了通行的管道和停靠的碼頭。船塢、貨倉、駁船等基礎設施的完善，為蓬勃發展的貿易提供了一切便利。

然而，工業化的進展也為這座城市帶來了陰霾。倫敦的天空常年籠罩在工業煙霧之中，使得白天黑夜難辨，讀書寫字都成了一種挑戰。工業區小鎮的情況更為嚴重，煤煙和「黑塵」無處不在，甚至改變了動植物的外貌，腐蝕著建築與雕塑。這種汙染不僅影響了人們的日常生活，甚至據說還改變了整個島國的氣候。

儘管如此，泰晤士河依然是倫敦的生命線。正如詹姆士一世威脅要遷都時，倫敦市長所說的那樣：「在陛下離開臣子們之時，希望陛下把泰

赴英航行：理解英國人特有的傷感與情懷

晤士河留給大家。」這句話生動地展現了泰晤士河對倫敦，乃至整個英國的重要性。它不僅是一條河流，更是一個國家的命脈，承載著無數人的希望與夢想。

英倫風華：一個自由與智慧並存的島國

英格蘭，這個位於歐洲西北的島國，如同一幅精心繪製的微型畫卷，將整個歐洲的地理特徵濃縮於方寸之間。從蒼翠的草原到鬱鬱蔥蔥的森林，從神祕的沼澤到蜿蜒的河流，再到綿延的海岸線，無一不彰顯著大自然的鬼斧神工。康瓦爾的礦山、德比郡的巖洞、達夫河谷的秀麗風光，以及托爾海灣的迷人海景，無不令人驚嘆。北上蘇格蘭，高原連綿；西至威爾斯，斯諾登峰巍峨聳立。而被譽為「小瑞士」的威斯特摩蘭和昆布蘭郡，更是以其如畫的湖光山色讓遊人流連忘返。

這片土地不僅擁有得天獨厚的自然條件，更孕育了一個勇敢、堅強且充滿智慧的民族。造物主似乎對這個島嶼寄予了特殊的厚望，賦予其居民昂揚的鬥志和敏銳的警覺。北風時而強勁時而溫和，海洋既將他們與大陸隔離，又為他們提供了無盡的商機和冒險舞臺。貧困、戰爭、航海冒險等種種挑戰，不斷磨礪著這個民族的意志，使其在逆境中不斷成長、壯大。

正是這樣一個看似平凡的小島，卻創造了驚人的成就。它不僅生產出豐富的商品，累積了充足的財富，更重要的是，它孕育了《大憲章》這個劃時代的文獻，彰顯了法律至上和有限王權的憲法精神。正如儲安平在《英國採風錄》中所言，英國的憲政史就是一部爭取自由的歷史。

然而，英格蘭的偉大不僅僅展現在物質層面，更在於其精神境界。

036

正如伊曼紐·史威登堡所言，英語民族的菁英代表了基督教世界的核心，他們心靈深處閃耀著智慧的光芒。這種智慧之光不僅展現在他們的語言和文學作品中，更滲透到他們的思想和行為中。

在這片不大的島嶼上，自由與智慧相互交織，共同譜寫了一曲動人的英倫風華。它不僅是歐洲的縮影，更是人類文明進步的典範。

英倫之光：不列顛人的優越性與世界影響力

在這個充滿變革與探索的時代，人類學家們對於種族的分類仍存在諸多爭議。從布盧門巴赫的五大種族理論到洪堡的三大種族說，再到我們探險隊的皮克林先生提出的十一種人類分類，可見這個領域尚未達成共識。然而，在這紛繁複雜的人類圖譜中，有一個群體正在以驚人的速度擴張其影響力，那就是不列顛人。

大英帝國的統計數據令人驚嘆：二億二千二百萬人口，占全球人口的五分之一，統治著五百萬平方英里的廣袤土地。更令人稱奇的是，在這龐大的帝國中，僅四千萬不列顛人就掌控著全局。若將美利堅合眾國的英裔人口也計算在內，說英語的人口已達到驚人的六千萬，他們正在統治著其餘二億四千五百萬人。

這種優勢並非偶然。英國本土二千七百五十萬人口的普查結果，不僅僅是一組冰冷的數字，更是對不列顛人優越性的有力佐證。他們是一個自由強健的民族，生活在一片安全富饒的土地上。然而，真正令他們在世界舞臺上脫穎而出的，是他們卓越的特質和非凡的個人能力。

英國人才輩出，這並非虛言。在這片土地上，創新與發明如雨後春筍，而更難能可貴的是，他們能將這些創造性的成果付諸實踐。英國人

赴英航行：理解英國人特有的傷感與情懷

的體魄強健，意志堅定，無論是在戰場上還是在勞動中，都展現出驚人的毅力。正是這種生生不息的活力，推動著他們在全球進行殖民擴張。

在探索一個民族的偉大之處時，我們常常陷入一種迷思，認為這種卓越源於血統或種族的優勢。然而，真正的力量往往來自於更為深層的泉源。英格蘭這片土地上出現的傑出人物，如阿佛烈大帝、莎士比亞、牛頓等，他們的成就並非僅僅歸因於生理上的優勢，而是源於一種更為深邃的智慧和精神力量。

這種力量的形成，是一個複雜而漫長的過程。它涉及到整個社會的文化氛圍、教育體系、生活方式等諸多方面。我們不禁要問：是什麼樣的飲食習慣滋養了他們的身心？什麼樣的撫育方式培養了他們的品格？什麼樣的教育體系啟發了他們的智慧？什麼樣的社會環境磨礪了他們的才能？

這些傑出人物的出現，絕非偶然。他們是時代的產物，同時也是時代的塑造者。他們汲取著這片土地的養分，呼吸著這裡的空氣，在與同時代人的互動中不斷成長。他們的才華得到了社會的認可和支持，這種認可又反過來激勵著他們不斷突破自我。

英格蘭的優勢並不在於其居民的體格或外表，而在於一種深入骨髓的文化傳統和精神氣質。這種氣質表現為對知識的渴求、對創新的追求、對卓越的嚮往。它像一條無形的紐帶，將不同時代、不同領域的傑出人物連繫在一起，形成了英格蘭獨特的民族精神。

因此，當我們讚揚英格蘭的偉大時，讚揚的不僅僅是個人的成就，更是孕育這些成就的整個社會環境和文化氛圍。這種環境和氛圍是經過數代人的努力慢慢累積而成的，它是英格蘭真正的財富，也是其他民族值得學習和借鑑的地方。

種族與文明：交織的命運與演變

　　人類社會的發展歷程中，種族觀念一直扮演著舉足輕重的角色。從印度到愛爾蘭，從猶太人到非洲裔美國人，種族特質似乎深深地烙印在每個群體的文化基因中。然而，這種表面上的恆定性是否真的如此牢不可破？

　　讓我們將目光投向北美大陸。在密蘇里和伊利諾的廣袤土地上，我們驚訝地發現，古羅馬史學家塔西佗筆下的日耳曼人，與今日美國中西部的居民竟有驚人的相似之處。這種跨越時空的相似性，是否暗示著某種人性的共通點，超越了所謂的種族界限？

　　然而，文明的進展如同一劑強效的化學試劑，不斷地衝刷著各個種族的特質。今日的不列顛人與其遠祖已判若兩人，而阿拉伯人卻似乎保持著與法老時代無異的風貌。這種現象究竟是種族特性的展現，還是文明影響力的結果？

　　宗教信仰、職業選擇，甚至是生活方式，都在不知不覺中塑造著一個群體的外在形象。從英國國教徒的舉止到衛理公會信徒的面容，我們似乎可以透過這些細微的跡象，窺見一個人的身分背景。這是否意味著，所謂的種族特徵，其實更多來自於文化和社會環境的塑造，而非純粹的生物學因素？

　　儘管如此，我們不應忽視種族觀念所帶來的影響。它既可能成為一個群體凝聚力的來源，也可能成為分裂和衝突的根源。然而，從更宏觀的視角來看，人類種族的差異不過是地質年代長河中的一朵浪花。當我們意識到人類與其他生物之間存在著千絲萬縷的連繫時，種族間的界限似乎就變得模糊而不再重要。

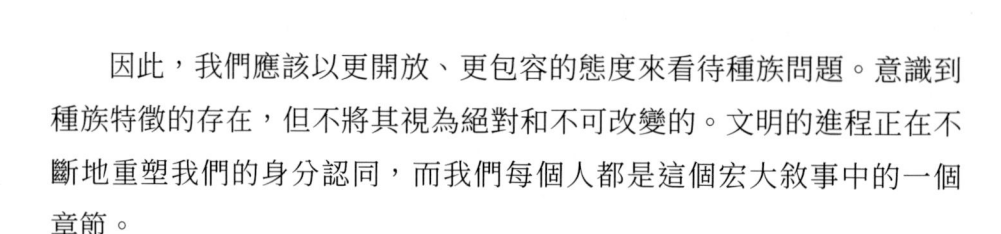

赴英航行：理解英國人特有的傷感與情懷

　　因此，我們應該以更開放、更包容的態度來看待種族問題。意識到種族特徵的存在，但不將其視為絕對和不可改變的。文明的進程正在不斷地重塑我們的身分認同，而我們每個人都是這個宏大敘事中的一個章節。

　　人類的進化史如同一條蜿蜒曲折的河流，匯聚了無數支流，最終形成了今天我們所見的多元化社會。在這條河流中，英國人無疑是一個引人入勝的範例，他們的血統與文化如同一幅精美的馬賽克，由各種不同的元素拼貼而成。

　　讓我們走進這個迷人的民族，探索他們的多元特質。英國人的語言是一個絕佳的起點：它是日耳曼語、拉丁語和法語等多種語言的混合體，就像一鍋文字的大雜燴。他們的人名更是來自四面八方，反映了這片土地上曾經發生過的歷史交融。

　　英國人的性格特徵也是一個充滿矛盾的混合體。他們既能制定長遠規劃，又常常顯得隨心所欲；他們的思維既靈活創新，又時常呆板保守；他們的視野可以放眼全球，卻又常常執著於一些陳舊的生活習慣。這種矛盾的並存，恰恰展現了他們血統的多樣性。

　　在政治和社會結構上，英國也呈現出極大的多樣性。從公爵到煤礦工人，從憲章主義者到教會主教，各種階層和思想在這片土地上共存。這種多元化的社會結構，既不值得過分讚揚，也無需嚴厲譴責，它只是英國社會的真實寫照。

　　英國人的種族起源已經無法準確追溯，但這並不重要。重要的是，他們已經形成了自己獨特的民族特徵。正如笛福所說，英國人是「人類種族的熔爐」，各種性情和矛盾在這片土地上相互融合，最終塑造出了英國人果斷而複雜的性格。

這種多元混血的特質，使得英國成為一個充滿活力和創造力的國家。就像果園裡的梨樹，只有最適應環境的品種才能枝繁葉茂，英國人也在漫長的歷史進程中不斷適應和進化，最終形成了今天我們所見的這個獨特而強大的民族。

英倫風骨：大不列顛的民族熔爐

在這片被稱為大不列顛的土地上，歷史的長河匯聚了多元文化的支流，塑造出獨特而複雜的英國人特質。從1616年出版的《大不列顛帝國》扉頁上，我們彷彿能看到羅馬人、丹麥人、撒克遜人和諾曼人的身影在英格蘭的土地上交錯。這種多元血統的融合，賦予英國人對廣闊空間的渴望，也為他們的才能和個性提供了絕佳的舞臺。

英格蘭就像一個巧妙的調酒師，在美國和英國兩地調配出自由主義與保守主義的絕妙平衡。而他們血脈中的斯堪地那維亞基因，彷彿一直在耳畔低語，訴說著大洋的故事。不列顛人則堅守著祖輩的土地，延續著古老的傳統。

然而，當我們談論英國人的特質時，我們往往將目光聚焦在一個狹小的範圍內。以倫敦為例，從街頭行人到學術展覽館的肖像畫，從《笨拙》週刊的插圖到俱樂部會所的名士畫像，處處彰顯著獨特的英國風骨，而非美國、蘇格蘭或愛爾蘭的特色。

當你走進北方的工業區和農業地帶，或是深入蘇格蘭，你會發現這裡的人們與倫敦的世界公民大相逕庭。蘇格蘭以其獨特的熱情和精明著稱，卻也因貧窮和粗俗而聞名。愛爾蘭雖與英格蘭擁有相似的自然條件，卻因政治從屬地位而發展受限。

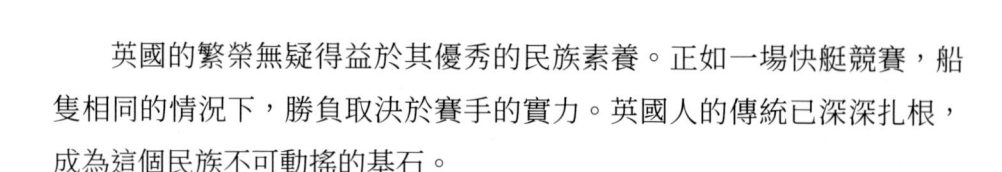

赴英航行：理解英國人特有的傷感與情懷

英國的繁榮無疑得益於其優秀的民族素養。正如一場快艇競賽，船隻相同的情況下，勝負取決於賽手的實力。英國人的傳統已深深扎根，成為這個民族不可動搖的基石。

在這片土地上，我們可以觀察到多種英國人的類型：有膚色紅潤、體格健壯的海島型；有帶著諾曼底特質的安逸型；有類似美國人的撒克遜型；還有膚色黝黑、混合多種血統的羅馬型。這些不同類型的英國人共同構成了大不列顛這個文化和種族的大熔爐，塑造了這個國家獨特而深遠的歷史烙印。

英格蘭這片土地上流淌著多元而古老的血脈，其中最引人注目的莫過於凱爾特人和北歐海盜的後裔。凱爾特人，這個神祕而悠久的民族，為不列顛島嶼帶來了最初的文明火種。他們的足跡遍布歐洲，卻在這片綠色的土地上扎下了最深的根。他們用詩意為山川湖泊命名，創造出優美動聽的語言，同時也孕育了中世紀最為膾炙人口的文學傳說——亞瑟王的神話。

凱爾特人的智慧與勤勞鑄就了英格蘭最初的文明底色。他們發展出自己的文字系統，研究天文，建立宗教信仰，卻又謙遜內斂，不張揚自己的才華。他們尊重勞動，讓農夫擁有自己的土地，用和平與智慧而非暴力來經營這片土地。這種精神深深地影響了後來的英格蘭文化。

然而，英格蘭的血脈中還混合著另一股強悍的力量——北歐海盜的後裔。這些來自北方的勇士們以其無畏的探險精神和高超的航海技術聞名於世。他們的到來曾讓偉大的查理曼大帝為之落淚，預見到他們將給後世帶來的巨大影響。

這些北歐人——後來被稱為維京人——確實改變了英格蘭的命運。他們帶來了先進的造船技術和航海工具，開拓了新的貿易航線。他

們的戰術靈活多變，既能在海上展現無與倫比的優勢，又能在陸地上靈活應對。更重要的是，他們將自己的冒險精神、商業頭腦和適應能力注入了英格蘭的血脈。

正是這種凱爾特人的智慧與維京人的勇氣的結合，塑造了英格蘭獨特的民族性格。這種融合為後來的英格蘭在全球擴張中提供了強大的動力，也為其在文化、科技、商業等領域的成就奠定了基礎。今天的英格蘭人身上，我們依然能看到這兩種血脈的影子：既有凱爾特人的內斂智慧，又有維京人的冒險精神。

北方勇士的生存法則：現實主義與英雄主義

《挪威列王傳》不僅是一部歷史著作，更是一幅生動的北歐生活畫卷。這部作品描繪了一個既原始又獨特的社會，其中的英雄們既不是高貴的騎士，也不是浪漫的夢想家，而是腳踏實地的農夫和海員。

在這個世界裡，國王的地位並非高不可攀。他們更像是平民中的首領，需要靠著輪流寄宿在農夫家中來維持生計。這種安排被幽默地稱為「住酒店」，反映了挪威社會的平等主義傾向。國王的權力受到了嚴格的限制，更多依賴於個人魅力和領導能力，而非世襲的特權。

北歐人的生活充滿了艱辛與挑戰。他們在貧瘠的土地上耕種，在危險的海洋中捕魚，平衡著陸地與海洋的資源。他們釀造麥芽酒，製作乳製品，燻製肉類，展現了極強的生存能力和適應性。這種務實的生活態度塑造了他們的性格：直接、果斷、不拘小節。

然而，《挪威列王傳》中最引人注目的或許是北歐人對暴力的態度。在他們的世界裡，暴力似乎是生活的常態。從國王到平民，每個人都隨

赴英航行：理解英國人特有的傷感與情懷

時準備著戰鬥，甚至將之視為一種娛樂。他們用各種工具作為武器，展現出令人震驚的創造力和殘酷性。

儘管如此，我們不能簡單地將這種暴力傾向視為野蠻。相反，它反映了一種特殊的生存哲學和榮譽觀念。在這個艱苦的環境中，勇氣和力量成為最被推崇的特質。死亡不是恐懼的對象，而是證明自己價值的機會。

《挪威列王傳》為我們展現了一個既殘酷又充滿活力的世界。它不僅是一部歷史紀錄，更是對人性和社會的深度探索，讓我們得以一窺古代北歐人的思想世界和生活方式。

諾曼人的歷史如同一部波瀾壯闊的史詩，充滿了血腥、征服和蛻變。從早期的海盜傳奇到後來的貴族傳說，這個民族的故事展現了人性的複雜和歷史的殘酷。

在那個蠻勇即是報償的遠古時代，諾曼人如同史前世界中的巨型爬行動物，以其野蠻和強悍在混沌中生存下來。他們的征服之路充滿了暴力和掠奪，特別是對英格蘭的入侵，被稱為「悲痛的記憶」。兩萬名賊寇登陸哈斯丁，如狼似虎般肆虐英國，卻也成為英國上議院的奠基者。這種矛盾正展現了歷史的諷刺：昨日的強盜，今日的貴族。

然而，征服並非沒有代價。正如奧拉夫國王所嘆，挪威因不斷的征戰而消耗殆盡，曾經的勇士銷聲匿跡，智勇雙全的領袖難覓蹤影。這種衰落為後來英國對北歐國家的報復埋下了伏筆，從納爾森炮轟松德海峽到卡思卡特勛爵俘獲丹麥艦隊，歷史的車輪碾壓著曾經的征服者。

諾曼人的故事告訴我們，文明的進程往往建立在最野蠻的基礎之上。他們失去了自己的語言，卻學會了新的文化；他們是貪婪凶殘的海盜後裔，卻成為新秩序的締造者。這種轉變展現了人類社會的演進，也

揭示了權力更替的殘酷本質。

如今，曾經諾曼國王會晤的小鎮孔赫勒淪為英國貴族的狩獵場，彷彿是對昔日征服者的諷刺。然而，這也許正是歷史的弔詭：昨日的強者終將成為他人的獵物，而文明的車輪永不停息地向前滾動。

從暴力到文明：英格蘭的蛻變之路

在這片被海洋環繞的土地上，曾經活躍著一群野蠻而勇猛的北歐海盜。他們乘風破浪而來，用鮮血與鐵器開創了自己的疆土。然而，歲月的流逝如同一位巧妙的雕刻師，逐漸磨平了他們的粗糙稜角，將這些桀驁不馴的戰士塑造成了效忠君主的忠臣良將。

這個轉變並非偶然，而是幾代人努力的結晶。那些曾經揮舞著戰斧的手，如今執起了筆和書卷；那些曾經高呼戰吼的喉嚨，現在吟誦著優雅的詩篇。然而，正如一頭成年虎身上仍保留著某些退化的器官一般，這些高加索後裔的血液中依舊流淌著一絲狂野的因子。

英格蘭人的性格就像是在堅石碎片上運轉的鐘錶，粗獷中帶著精準。他們的歷史上不乏血腥與殘酷，但更值得稱道的是他們對公平競爭的推崇。即便在下層社會，拳擊、鬥雞等看似粗野的活動也展現了一種正大光明的對抗精神。

倫敦街頭的小販們常說：「我們必須緊握拳頭，我們絕不是吃素的。」這句話道出了英格蘭人骨子裡的剛毅。公立學校成為鍛鍊膽量的場所，雖然有時會出現以強凌弱的情況，但這種環境也培養出了許多堅韌不拔的人格。

正如義大利思想家阿爾菲耶里所言：「一個民族的惡行恰恰展現了其

赴英航行：理解英國人特有的傷感與情懷

優越性。」英格蘭人的粗獷與野性並非全然的缺陷，反而成為他們在文明進程中不斷前進的動力。從北歐海盜到紳士淑女，英格蘭走過了一條充滿荊棘卻又燦爛輝煌的道路，而這條路，正是人類文明進步的縮影。

在 18 世紀的英國，殘酷與不公正仍然普遍存在於軍隊和社會之中。這個時代的軍事紀律尤其嚴厲，往往導致令人髮指的後果。梅德溫記載了一則駭人聽聞的事件：一群軍校學員將一名年輕人捲入雪球中，獨自扔在房間裡，自己卻前往教堂。這個看似無心的惡作劇，卻導致那名年輕人終生殘疾，可見當時軍校紀律之鬆散和學員行為之魯莽。

軍隊中的體罰制度更是殘酷無情。鞭笞作為一種普遍的懲罰方式，不僅存在於軍隊，還遍及艦船和軍校。這種刑罰如此可怕，以至於一些士兵寧願選擇死刑也不願忍受鞭笞之苦。儘管西歐其他國家已經廢除了這種野蠻的做法，但在威靈頓公爵的支持下，英國軍隊仍然保留了鞭笞制度。

社會層面上，不平等和歧視依然根深蒂固。令人難以置信的是，丈夫仍然擁有買賣妻子的權利，這種做法嚴重侵犯了女性的人權。與此同時，反猶太主義情緒在社會各階層中蔓延，不論是皇室貴族還是平民百姓，都將猶太人視為迫害的首選對象。甚至連國王亨利三世也曾將全國的猶太人抵押給他的兄弟，用作借款擔保，這種行為無疑加劇了對猶太人的剝削和壓迫。

儘管如此，社會也在緩慢地向前進步。嚴刑拷打和刑訊逼供等野蠻做法逐漸被廢除，顯示出人們對人權的認知有所提高。然而，正如撒彌爾·羅密利爵士所言，英國的刑法仍然是「最糟糕的」，甚至可以被稱為「人吃人的法規」。這個評價突顯了當時法律制度的殘酷本質，以及迫切需要改革的現實。

英格蘭的文明與野蠻：一個矛盾的國度

在這片充滿矛盾的土地上，文明與野蠻並存，進步與殘酷交織。英格蘭，這個孕育了偉大航海家和全球統治者的國度，其歷史既輝煌又沉重。

讓我們先來看看這個島國的地理優勢。被海洋環繞的英格蘭，彷彿天生就是為了統治海洋而存在。這裡的孩子從小就與水親密無間，船隻成為他們的玩具。這種與生俱來的親水性，為日後英國成為海上霸主奠定了基礎。

然而，這個文明的外表下，卻隱藏著令人不寒而慄的一面。議會聽取了關於監獄中對犯人施以鞭笞和嚴刑拷打的報告，揭示了司法制度中的殘酷面。1571 年泰伯恩刑場的泰伯恩絞刑架更是一個駭人聽聞的刑具，可同時處決 24 名囚犯，讓他們在痛苦中慢慢走向死亡。

儘管如此，英國人的體格卻出奇地健壯。作者描述他們比美國人更高大、更重實，甚至認為隨機挑選的 100 個英國人，體重可能比同等數量的美國人重四分之一以上。這種強健的體魄，或許正是他們能夠征服世界的原因之一。

英國人不僅身體強壯，還以其優雅的舉止和得體的衣著聞名。作者初到利物浦時，就被當地居民的體格、品行和儀態所吸引。這種氣質似乎延續了幾代人，就連古宅中掛著的祖先畫像，都透露出相似的氣質。

這個充滿矛盾的國度，既有令人讚嘆的文明成就，又有令人不安的殘酷一面。它的歷史，就像一面映照著人性複雜性的鏡子，讓我們看到了人類文明進程中的光明與陰暗。

英格蘭人的體格特徵一直是一個引人注目的話題。雖然有人認為他

赴英航行：理解英國人特有的傷感與情懷

們身材矮小粗壯，但這個民族的魅力遠不止於外表。從古至今，英國人展現出的不僅是外在的美，更是內在的力量和品格。

讓我們回溯到七百年前，那些靜靜躺在倫敦聖殿教堂、伍斯特座堂和索爾茲伯里大教堂的十字軍戰士青銅像。他們的形象與當今英格蘭最英俊的男子並無二致，展現了天賦、勇氣和精練的完美結合。這種特質不僅存在於歷史遺跡中，更在倫敦街頭隨處可見，彰顯著英格蘭男性特有的生機與魅力。

追溯更遠，西元 600 年，聖格雷戈里在羅馬遇見英俊俘虜的軼事，以及 500 年後諾爾曼史家對英國戰俘的讚嘆，都印證了英格蘭人的俊美。北歐文學《海姆斯克林拉》中也多次提及英雄們的儀表之美，進一步證實了這一點。

然而，英格蘭人的美不僅僅停留在外表。當我們深入探討這個金髮碧眼、皮膚白皙的民族時，我們發現他們展現出的是一種獨特的人性、精神和道德力量。隨著帝國的興起，昔日的野蠻力量逐漸被人性的力量所取代，象徵著一個嶄新而美好時代的到來。

英格蘭民族並非故步自封，而是充滿希望和美好未來。他們的魅力不僅展現在外表上，更深植於其性格和精神中。這種內外兼修的美，使英格蘭人成為一個令人欽佩的民族，他們的故事將繼續激勵後人，延續這個民族的輝煌傳統。

英倫紳士：剛柔並濟的民族性格

英國人的性格如同一幅精心編織的華麗掛毯，其中交織著看似矛盾卻又和諧共存的多重特質。這種獨特的民族性格，既是歷史的產物，也

是文化的結晶，在世界舞臺上為英國人贏得了獨特的地位。

讓我們更深入地探討這種剛柔並濟的特質。英國人的外表給予人沉穩果斷的印象，白皙的皮膚和碧藍的眼睛彷彿訴說著他們的高貴血統。然而，在這冷靜的外表下，卻蘊藏著一顆多愁善感的心。他們對真理的熱愛與對他人感受的敏銳體察，展現了一種罕見的情感智慧。

這種雙重性在英國的文學和神話中得到了生動的展現。《美女與野獸》的寓言故事，以及希臘神話中的《兩性人》，都巧妙地捕捉到了英國人性格中的這種雙重性。正如不列顛尼亞女神那般「柔中帶剛，剛中有柔」，英國人在勇敢與溫柔這兩種看似對立的特質中找到了平衡與樂趣。

歷史上的英雄人物更是這種性格的完美展現。納爾遜將軍在特拉法加戰役中展現出的無畏勇氣，與他臨終前如孩童般天真的告別，形成了鮮明的對比。同樣，白金漢公爵的謙遜禮貌背後，是堅定不移的決心。這種剛柔並濟的特質，使英國人能夠在戰場上威武果敢，而在和平時期又能展現出溫和親切的一面。

即便是在英國民間傳說中，這種特質也得到了充分的展現。被稱為「最柔情的盜賊」的羅賓漢，既有俠義心腸，又不乏勇猛果敢。這種複雜的性格特質，使英國人能夠在各種社會階層和場合中遊刃有餘，無論是在優雅的宮廷還是在粗獷的碼頭。

英國人的這種多面性，不僅塑造了他們的國家性格，也在相當程度上影響了他們的社會制度和文化傳統。它使英國在面對挑戰時能夠靈活應對，在維護傳統的同時又不失創新精神。這種獨特的民族特質，無疑是英國在世界舞臺上長期保持影響力的重要因素之一。

英國人的飲食習慣和體魄特徵，則無疑是這個民族引以為豪的重要方面。從他們的日常飲食到休閒活動，處處彰顯著英國人獨特的生活方

式和價值觀。

英國人向來以其強健的體魄聞名，即便是中老年人也保持著驚人的活力。在這個島國上，隨處可見面色紅潤、鶴髮童顏的老人，彷彿歲月未曾在他們身上留下痕跡。這種健康狀態與他們的飲食習慣密不可分。英國人的餐桌上總是擺滿豐盛的食物，講究營養均衡。即便是工人階級，也能享用牛肉、羊肉、混合粉麵包和麥芽酒等營養豐富的食物。

特別值得一提的是英國人對酒類的偏愛。從古至今，英國人似乎都對喝水這個行為嗤之以鼻。正如亨利六世時期的首席法官福蒂斯丘勛爵所言：「除非是在禮拜式或懺悔式等特定的時候，英國人是不喝水的。」即便是最貧困的人，也寧願喝一便士一加侖的啤酒，也不願意僅靠涼水度日。這種飲酒習慣不僅反映了英國人的生活方式，更成為他們民族自豪感的一個重要展現。

除了飲食，英國人還以其強健的體魄和對戶外活動的熱愛而聞名。他們熱衷於各種體育運動和冒險活動，從打架、奔跑、射擊到騎馬、划船，無所不為。英國人的活力和冒險精神使他們在世界各地留下足跡，從北極到南極，從歐洲到亞洲，他們都以驚人的適應力和耐力聞名。

這種對體育和戶外活動的熱愛也反映在他們的休閒方式上。貴族們每個季節都會前往鄉下進行射獵和捕魚活動。而普通民眾則熱衷於拳擊、賽跑、跳躍和划船比賽等各種競技活動。這些活動不僅鍛鍊了他們的身體，也培養了他們堅韌不拔的精神。

整體而言，英國人的飲食習慣和體魄特徵不僅是他們生活方式的展現，更是他們民族特色和自豪感的重要來源。這種獨特的文化特徵，使得英國在世界舞臺上始終保持著獨特的魅力和影響力。

英國人與馬：一場跨越世紀的浪漫

英國人對馬的熱愛可謂源遠流長，這份情感深深根植於他們的文化和歷史之中。從古至今，馬不僅是英國人的交通工具，更是他們的精神夥伴和身分象徵。在19世紀風靡一時的獵狐活動中，我們可以清晰地看到這種人與馬之間獨特的羈絆。

對於英國上流社會而言，騎馬打獵不僅是一項運動，更是展示勇氣和技巧的舞臺。那些血氣方剛的年輕人寧願與馬為伴，也不願與迂腐的教授為伍。這種選擇或許反映了他們對自由和冒險的嚮往，也展現了英國人骨子裡那種野性難馴的特質。

英國人對馬的依戀可以追溯到更早的時期。傳說中，撒克遜人的祖先就是騎手，而北歐人在聖餐上食用馬肉的習俗，則讓人聯想起游牧民族的生活方式。這些歷史碎片串聯起來，勾勒出一幅英國人與馬共生共存的圖景。

隨著時間的推移，英國人對馬的態度也在不斷演變。從最初將馬視為純粹的交通工具，到後來將其視為戰場上的重要夥伴，再到如今自詡為「世界上最懂馬的民族」，英國人與馬的關係日益深厚。馬已然成為他們的「第二生命」，是身分的象徵，也是情感的寄託。

這種人與馬之間的深厚情誼，不僅展現在日常生活中，也反映在英國的法律和文化傳統中。正如征服者威廉對待獵物的嚴格態度一樣，英國人對馬的珍視程度有時甚至超過了對人的關懷。這種看似矛盾的現象，或許正是英國文化中那種特立獨行、不拘一格的展現。

整體而言，英國人與馬的關係是一段跨越世紀的浪漫史。從古老的傳說到現代的生活方式，馬始終在英國文化中占據著重要地位。這種獨

特的羈絆不僅塑造了英國人的國民性格，也為世界文化增添了一抹獨特的色彩。

在19世紀的英國，馬匹不僅是交通工具和農耕助手，更成為社會地位的象徵和國民娛樂的焦點。英國紳士對馬的熱愛可謂達到了痴迷的程度，正如諺語所說：「他愛高頭大馬就像愛他的父親。」這種痴迷不僅展現在日常生活中，更深深影響了整個國家的文化和政治生態。

富有的英國人將大片土地改造成私人狩獵區，甚至不惜侵占耕地和公地。這種行為引發了社會矛盾，以至於出現了「殺死一個人比打死一隻野兔更安全」的諷刺說法。嚴厲的狩獵法更是突顯了國家對馬和獵手的重視程度。

英國紳士們總是騎著高大威猛的馬，將牠們裝扮得華麗非凡。賽馬運動更是成為國民熱衷的娛樂專案。在陡峭的山坡上，騎手們如同半人半馬的怪物般飛馳而下，場面蔚為壯觀。賽馬的影響力之大，以至於整個社會都為之瘋狂：客棧外掛滿馬匹圖片，電報不斷傳遞最新賽事消息，甚至連下議院在「大賽馬日」也要休會。

這種對馬的痴迷不僅僅是一種娛樂，更反映了英國社會的階級觀念和價值取向。馬成為財富和地位的象徵，而賽馬則成為上流社會交際和展示的重要場合。然而，這種狂熱也引發了一些社會問題，如土地使用衝突和階級矛盾的加劇。

整體而言，19世紀英國的馬文化深刻地塑造了這個國家的社會面貌，成為了解那個時代的一個重要視角。這種文化既展現了英國人對優雅和競技的追求，也折射出了當時社會的諸多矛盾和問題。

文化傳承與社會進步：
從愛默生的視角看英國歷史

　　英國社會的進步並非一蹴而就。以撒彌爾・羅密利爵士為代表的改革者們，為英國的政治和社會變革做出了重大貢獻。羅密利爵士作為法國胡格諾派教徒的後裔，在議會中勇於提倡政治改革，禁止奴隸貿易，支持天主教的解放運動和減刑。儘管他因憂鬱症而英年早逝，但他的改革理念在他死後得以實現，為英國社會的進步奠定了基礎。

　　在這片孕育了諸多思想家和改革者的土地上，甚至連幽默也成為一種文化傳統。《笨拙》週刊作為一本著名的幽默插畫雜誌，以其諷刺性幽默、漫畫和卡通在 1841 年到 2002 年間斷斷續續地發行，成為英國文化中不可或缺的一部分。這種幽默精神，某種程度上也反映了英國人在面對社會問題時的智慧和勇氣。

　　英格蘭這片神奇的土地，彷彿擁有改變一切的魔力。每個踏上這片土地的人，都會經歷一場蛻變。這個國家的存在本身就像一件精心打造的藝術品——從一個寒冷、貧瘠的北方小島，蛻變成為全世界最富饒、最奢華、最威風凜凜的國度之一。

　　英國人的思維方式獨具特色。他們不會迷失在自我的迷宮中，而是始終專注於結果。他們擁有開闊的視野，能夠同時處理多個複雜的問題，卻不會讓它們糾纏不清。這種能力源於他們對規律的追求和井然有序的生活方式。

　　邏輯思維是英國人的另一大特點。他們善於區分輕重緩急，目標明確，行動有的放矢。同時，他們胸懷寬廣，能夠包容各種不同的思想和文化。這種平衡的藝術，可以稱之為「尺度」的科學。

赴英航行：理解英國人特有的傷感與情懷

英格蘭：理性與經濟的勝利

　　英格蘭這片神奇的土地，見證了無數文明的更替與融合。它就像一塊珍貴的獎賞，吸引著各個優秀民族前來競逐。腓尼基人、凱爾特人、哥德人、羅馬人，都曾在此留下足跡。但最終，撒克遜人憑藉堅韌不拔的意志，在此扎根立足。他們勤勞耕耘，開墾荒地，建造房屋，發展貿易，為這片土地注入了新的生機。

　　隨後到來的丹麥人與諾曼人，雖然也曾征服統治，卻無法抹去撒克遜人的印記。相反，撒克遜人的語言、律法和習俗反而深深影響了征服者。他們以驚人的智慧和毅力，一步步爭取到了自由與權利，為英格蘭奠定了民主的基石。

　　這個島嶼屬於那些自由勞動的人民。他們以非凡的才智，擊敗了一切封建王朝與軍事政權。即使在遭受重創之時，英格蘭人民依然堅強不屈，最終迫使國王簽署了民主憲章。

　　在這片土地上，理性與經濟力量終將勝出。銀行家以優惠的利率取代了世襲貴族；具有科學頭腦的工人階級不懼皇家軍隊；工程師為工廠主設計先進的機器，為商人建造宏偉的橋梁。面對這樣一個充滿活力與智慧的社會，舊有的血統與階級已經無足輕重。

　　英格蘭的歷史，就是一部理性與經濟力量不斷勝利的歷史。這片土地滋養了一個獨特的民族，他們以智慧和勤勞征服了一切，創造了一個嶄新的世界。

　　英格蘭的勤勞精神如同一股不竭的動力，推動著這個島國在工業革命的浪潮中乘風破浪。大衛・勞的漫畫中所描繪的英國人形象，不僅展現了他們的勤勞、堅忍和自信，還隱約透露出一絲不可忽視的自負。這

種複雜的民族特質，在紐卡斯爾港區工人的身上得到了完美的詮釋。

這些撒克遜人後裔，彷彿就是人類勞動的化身。他們對工作的熱愛近乎狂熱，視享樂和懶散為大敵。即便面對微薄的回報，他們依然能從勞動中汲取快樂。正是這種堅韌不拔的精神，使他們成為財富的締造者，也為英國的工業革命奠定了堅實的基礎。

在這片不列顛的貧瘠土地上，撒克遜人展現出了驚人的價值。他們不僅僅是為了生存而勞動，更是為了證明自己的價值。面對各種挑戰和困難，他們總能迎難而上，將所有障礙一一掃清，為自己的事業開闢出一片天地。

這種勤勞精神的根源，或許可以追溯到斯堪地那維亞人的神話傳說。在那些古老的故事中，巨人們被賦予超凡的工作能力和精湛的技藝。這些想像中的巨人，彷彿就是現實中那些技藝超群的工匠的化身，他們用自己的雙手創造財富，回報社會。

縱觀英國歷史，我們可以看到這種勤勞精神的不斷延續和發展。從阿佛烈大帝到牛頓，從卡克斯頓到瓦特，一代又一代的英國人用他們的智慧和汗水，在各個領域中做出了卓越的貢獻，推動了社會的進步和發展。這些傑出人物的成就，正是英格蘭勤勞精神的最好證明。

不列顛巨人山：鑄造英格蘭堅韌民族性的熔爐

在不列顛的巨人山上，一個獨特而強韌的民族性正在孕育。這片充滿魔力的土地，以其荒蕪的沙灘和惡劣的天氣，成為一個無情的篩選器。每個踏上這片土地的人都被迫面對一個殘酷的選擇：要麼彎下腰來

為財富打拚，要麼被這裡的環境壓垮。

這種嚴酷的生存環境塑造了英格蘭人獨特的民族性格。撒克遜人、丹麥人、法國人和諾曼人，所有來到這片土地的人都被這種堅韌頑強的精神所感染。即使是浪蕩之徒和酒鬼，在這裡也不得不磨礪出一種堅忍不拔的特質。

英格蘭人的行事方式令人欽佩，他們的思維方式和行為舉止都展現了這個民族擴張思想的發展。貴族們願意以平和的心態和公正的態度對待家僕和佃戶，這種行為雖然看似與他們的身分不符，卻恰恰反映了英格蘭人獨特的價值觀。

這種堅韌的民族性甚至反映在他們飼養的猛犬身上。這些以凶猛著稱的狗一旦咬住獵物就絕不鬆口，除非砍下牠們的頭顱。正如古語所說：「人如其狗」，英國人就像這些猛犬一樣，擁有強健而暴躁的氣質。

英格蘭人崇尚公平競爭，他們的比賽往往是貼身肉搏、針鋒相對的。這種競爭精神展現了他們對公平、勇氣和堅持的追求。正如埃塞瓦爾德國王所說：「要麼在這裡生存下來，要麼就在這裡倒下去。」這句話生動地描繪了英格蘭人面對挑戰時的堅定態度。

儘管英格蘭人性格剛烈，但他們也有柔軟的一面。他們憎恨陰謀詭計，即使在激烈的競爭中互相打得鼻青臉腫，事後也能握手言歡，甚至結成終生摯友。這種既能激烈對抗又能真誠和解的品格，成為英格蘭民族性中最為獨特和珍貴的特質。

英國人的思維方式確實獨具特色，展現了他們獨特的民族性格。他們崇尚邏輯和理性，對事物的認知和處理都遵循嚴謹的推理過程。在他們看來，一切都應該合乎邏輯，即便是意外之喜，如果不符合邏輯，他們也會感到困惑不安。這種思維模式使他們在面對複雜問題時能夠保持

清晰的頭腦，但也可能讓他們對天馬行空的想像力缺乏欣賞。

　　英國人重視秩序和規律，他們能夠同時處理多個問題而不會混亂。無論是在法庭上、議會中，還是日常生活中，他們都表現出高度的自律和組織能力。這種特質使他們能夠在複雜的社會結構中保持穩定，同時也為民主制度奠定了基礎。

　　堅持不懈是英國人另一個顯著的特點。他們對自己的理想和目標有著執著的追求，即使面臨挫折也不輕言放棄。這種精神在他們的歷史中多次展現，無論是在法律改革還是社會變革中，他們都表現出驚人的耐心和毅力。

　　然而，這種思維方式也有其局限性。過於注重邏輯和秩序可能會抑制創新和靈活性。對於那些思維跳躍、富有想像力的人，英國人可能會表現出不理解甚至輕蔑。這種態度在某種程度上可能會阻礙新思想的產生和發展。

　　整體而言，英國人的思維特質反映了深厚的文化傳統和價值觀念。這種思維方式塑造了他們的社會制度，影響了他們的生活方式，也為他們在世界舞臺上的地位做出了重要貢獻。理解這些特質，不僅有助於我們更好地了解英國文化，也為我們提供了一種獨特的思考角度，來審視我們自己的思維模式和文化傳統。

英國人的民主邏輯：正義與務實的平衡

　　19世紀的英國憲章運動展現了英國人獨特的政治智慧和社會正義觀。數百萬民眾簽署請願書，不僅是為了爭取自身權益，更展現了英國人深植於骨髓的民主精神。這種精神的核心在於他們對正義與務實的執

著追求，以及對事實與結果的尊重。

英國人的思維方式令人著迷。他們不輕易被華麗的辭藻所蒙蔽，而是堅持探究事物的本質。在每個重大議題上，他們都力求聽取各方觀點，直至真相大白。這種態度展現了他們對公平競爭和對立統一的信念，也反映了他們對事實的崇敬。

在政治領域，英國人的務實態度尤為明顯。他們關注的是切實可行的方案，而非空洞的理論。他們會毫不避諱地提出尖銳問題：誰來承擔稅收？如何促進貿易發展？怎樣提高農業產量？對工人階級應該採取什麼措施？這些問題直指社會經濟的核心，展現了英國人對實際問題的關注。

英國的政治環境也因此獨樹一幟。正如菲利浦・德康敏所言，英國是最關注大眾利益、最少對民眾使用暴力的國家之一。在這片土地上，生命權和人權得到了有力保障，這為自由提供了堅實的基礎。相比之下，其他國家如法國，雖然高喊著「平等」、「博愛」和「團結」的口號，卻往往淪為暴力的藉口。

英國的民主制度不僅保護了多數人的權益，也為少數派和異見者提供了庇護。正如孟德斯鳩所說，即便一個人在英國樹敵無數，他的人身安全仍然能得到保障。這種包容和保護少數人權益的精神，正是英國民主制度的精髓所在。

英國人的國民性格塑造了一個獨特的文明，這個文明以其務實、理性和創新精神引領了現代世界的發展。孟德斯鳩對英國人「常識」的讚譽，正是對這種特質的精闢概括。這種常識不僅僅是對現實的感知，更是一種深入骨髓的生活哲學，引導著英國人在日常生活和國家發展中做出明智的選擇。

英國人對理論和權威的態度頗具特色。他們不會盲目追隨空洞的理論或屈從於無謂的權威，而是將注意力集中在切實可行的事實上。這種務實的態度使他們能夠靈活應對各種挑戰，為實現目標而不懈努力。就像蟻群和蜂群那樣，英國人以其勤勉和合作精神著稱，這種集體努力的精神為英國的發展提供了強大的動力。

英國人對實用性的偏愛展現在生活的各方面。從改良羊的品種到發明各種機械裝置，英國人始終追求能夠改善生活品質、提高工作效率的創新。他們對槓桿、螺絲、滑輪等簡單而有效的工具情有獨鍾，這些工具代表了英國人追求效率和實用性的精神。

更引人注目的是，英國人對自然力量的利用。他們欣賞並善用風力、水力等自然資源，將這些力量轉化為推動社會進步的動力。大海和風力不僅是自然景觀，更是英國貿易和探索的重要工具。這種對自然的務實態度充分展現了英國人的實用主義精神。

英國人的價值觀也反映在他們對物品的偏好上。比起炫耀性的奢侈品，如皇冠上的大鑽石，他們更欣賞具有實際用途的天然水晶。這種選擇不僅展現了他們對實用性的推崇，也暗示了他們對自然智慧的尊重。

整體而言，英國精神的核心在於其對現實的深刻洞察和靈活應對。這種精神使英國成為現代化的先驅，也為世界文明的發展做出了重大貢獻。

英國人的實用主義精神與工業革命的崛起

在 19 世紀的歐洲，英國人以其獨特的實用主義精神和對工業革命的熱忱而聞名。他們對蒸汽和電力的執著追求，不僅推動了科技的進步，

更塑造了一個新時代的面貌。

　　英國人或許在精美藝術上顯得笨拙，但在原生藝術和實用技術方面卻獨具匠心。他們在冶煉、採煤、紡織等領域的卓越才能，為工業革命奠定了堅實的基礎。他們不僅致力於農業和灌溉，還學會了如何抵禦自然災害，治理惡劣環境。這種實用主義精神展現在日常生活的各方面，從衣食住行到工業生產，無處不在。

　　英國人的生活方式展現了他們的務實態度。他們注重和諧、適用，而非華而不實的裝飾。這種風格影響了整個歐洲，甚至延伸到了軍事領域。英國軍隊注重士兵的健康和舒適，相信一支軍隊的實力在於每個士兵的體能和能力，而非單純依賴武器裝備。

　　在商業領域，英國人的實用主義同樣顯而易見。他們相信公平交易，注重細節但不拘泥於小節。這種靈活多變的商業思維使英國在國際貿易中占據優勢。他們把資金投入到實用的技術和裝置上，如蒸汽輪船和北極探險隊的裝備，展現了他們對科技進步的追求。

　　整體而言，英國人的實用主義精神不僅塑造了他們的國家特性，更推動了整個歐洲乃至世界的現代化進程。他們的創新和勤勉為工業革命的蓬勃發展提供了肥沃的土壤，為現代文明的形成做出了重大貢獻。

　　英國人的性格特質在戰爭與和平時期都表現得淋漓盡致。他們不像其他民族那樣熱衷於華麗的戰術或激情四溢的衝動，而是以一種務實、直接的方式面對挑戰。這種特質深深根植於他們的文化之中，塑造了他們獨特的戰鬥風格和生活態度。

　　在海戰中，英國人偏愛簡單直接的策略。他們相信勝利掌握在勇者手中。他們不會花費太多時間在複雜的戰術計劃上，而是傾向於將戰艦駛近敵人，然後以全力開火。這種近距離作戰的方式雖然看似原始，但

卻充分展現了英國人的勇氣和決心。

然而，英國人的戰鬥精神並不僅限於軍事領域。在日常生活中，他們同樣展現出堅韌不拔的態度。英國人不會輕易為了虛無縹緲的榮譽或情感衝動而犧牲，他們更關心的是切實的利益和權利。這種務實的態度使他們在面對不公時能夠堅持不懈，直到透過合法途徑解決問題。

從歷史上的大憲章到美國革命，許多重大事件的根源都可以追溯到對普通英國人基本權利的威脅。這些事件充分說明，當涉及到個人財產、公共權利或生活方式時，看似平和的英國人會變得異常強硬和堅定。

英國人的這種特質既是他們的優點，也是他們的局限。它使他們在面對挑戰時表現出非凡的韌性，但同時也可能使他們顯得固執或缺乏靈活性。無論如何，這種樸實而堅韌的精神已經深深烙印在英國文化中，塑造了這個民族的獨特性格。

英國人的堅韌精神：從海戰到日常生活

特拉法爾海戰不僅是英國海軍史上的輝煌一頁，更是英國民族精神的縮影。這場戰役的勝利不僅奠定了大英帝國的海上霸權，也彰顯了英國人獨特的民族特質。

英國人以其循規蹈矩和精於盤算的本能而聞名，但這並不意味著他們缺乏創新精神。相反，正是這種謹慎和細緻的態度，使他們能夠在危機中找到突破口，在困境中尋求解決方案。就像馬戴上眼罩能更專注地完成任務一樣，英國人也善於將注意力集中在最關鍵的問題上。

然而，英國人並非只關注宏大的歷史事件。他們同樣重視日常生活

赴英航行：理解英國人特有的傷感與情懷

中的細節問題。無論是談論自由、稅收還是特權，歸根結柢都與經濟利益密切相關。這種務實的態度使他們能夠在複雜的國際局勢中保持清醒的頭腦。

英國人的性格中蘊含著一種特殊的韌性。儘管有時他們可能顯得遲鈍或懶散，但在面對挑戰時，他們總能迸發出驚人的能量。無論是在戰爭、貿易還是政治領域，英國人都展現出了非凡的耐心和毅力。

這種堅韌不拔的精神在日常生活中也得到了充分的展現。從製革工藝到刀具製造，英國人都堅持追求極致的品質。他們不急於求成，而是願意花費大量的時間和精力來確保每一個細節都臻於完美。正是這種對細節的執著和對品質的追求，造就了英國製造的卓越聲譽。

整體而言，英國人的成功源於他們獨特的民族性格：謹慎而不僵化，務實而富有遠見，堅韌而又富有創造力。這種精神不僅幫助他們贏得了海上霸權，也使他們在日常生活中不斷追求卓越。

在這片充滿傳奇色彩的土地上，古老的北歐神話為我們揭示了一個永恆的真理：要在世間立足，不僅要有一技之長，更要力求卓越。這個智慧之言，彷彿穿越時空，在當代英國人的血脈中依然流淌。

英國人秉承著這種精神，將其演繹得淋漓盡致。他們不僅追求技藝的精通，更渴望在自己的領域中脫穎而出。這種追求卓越的精神，已然成為整個民族的集體意識。無論是在議會殿堂還是在普通的工作職位上，英國人都展現出了驚人的專注力和執著。

在英國的政壇上，我們可以看到這種精神的極致展現。那些站在權力巔峰的政治家們，並非只是依靠頭銜和地位來獲取尊重。相反，他們以驚人的記憶力和深厚的知識儲備來證明自己的能力。羅伯特·皮爾爵士能將政府藍皮書倒背如流，而其他政治家們則能將冗長的議會議事錄

牢記於心。這種對細節的掌握，對知識的渴求，正是英國人追求卓越的生動展現。

然而，這種追求並非沒有代價。許多政治家因過度勞累而英年早逝，這不僅是個人的悲劇，更是一個民族為追求卓越所付出的代價。但即便如此，英國人依然堅持著這種精神，因為他們深知，只有透過不懈的努力和追求，才能在競爭激烈的世界中占有一席之地。

這種精神不僅限於政治領域，它滲透到了英國社會的各方面。從工廠的工人到學術界的學者，每個人都在自己的職位上追求著完美。這種精神塑造了英國的國民性格，也推動著這個國家在各個領域不斷前進。

在這個充滿挑戰的時代，英國人的這種精神無疑是一筆寶貴的財富。它教導我們，無論身處何種環境，都應該不斷學習、不斷進步，力求在自己的領域中做到最好。這種精神，正是英國人在世界舞臺上始終占有重要地位的關鍵所在。

英國精神：堅韌不拔的國民性格

英國人的民族性格中蘊含著一種獨特而令人欽佩的特質——堅韌不拔的毅力。這種精神不僅展現在個人的學術追求中，更反映在整個國家的歷史進程中。從科學探索到考古發現，從軍事策略到藝術保護，英國人展現出了驚人的執著和耐心。

約翰·赫雪爾爵士為完成父親的星雲圖事業，不辭辛勞地在好望角工作多年，最終完成了南半球的星雲圖。他的努力在三十年後才得到認可，創下了科學投入的最高紀錄。這種長期堅持的精神在英國社會中並非孤例。海軍部年復一年地派遣北極探險隊搜尋失蹤的約翰·富蘭克林

赴英航行：理解英國人特有的傷感與情懷

爵士，最終不僅解決了一個地理學難題，還繪製出極地航線圖。

在文化遺產保護方面，額爾金勳爵的故事更是彰顯了英國人的執著。他不顧他人的諷刺，花費五年時間收集雅典即將毀壞的希臘遺址。即便在運輸過程中遭遇船隻沉沒的挫折，他仍然堅持不懈，最終將這些珍貴的大理石運送到倫敦，贏得了世界學者的讚譽。

這種堅韌的精神不僅展現在個人行為中，也深深融入了英國的國家性格。無論是在科學研究、地理探索還是文化保護方面，英國人都展現出了驚人的毅力和決心。他們相信，即便面對失敗和挫折，只要堅持不懈，最終必能取得成功。

英國人的這種特質使得倫敦成為世界的中心。它吸引了全球的商業往來，匯聚了各國的政治和宗教難民。英國人透過自己的努力，將這個小島打造成了一個集商業、法律、科學研究於一體的天堂。他們的成就不僅展現了撒克遜的探險精神，更展現了不列顛人的勤勉和智慧。

英國人的堅韌精神造就了一個偉大的國家，他們用自己的雙手和智慧不斷地建設和改造這個世界。這種精神使得英國在全球舞臺上占據了重要地位，也使得倫敦成為世界各地有志之士心中嚮往的地方。

瓦特發明的蒸汽機不僅開啟了工業革命的先聲，更為人類社會開啟了通往現代化的大門。英國人以其非凡的創造力和適應能力，在各個領域都展現出卓越的才能。從瓦特的蒸汽機、史蒂文生的火車機頭，到羅伯茲的走錠細紗機，這些發明不僅服務於英國，更惠及全人類。

英格蘭成為世界矚目的焦點，人們期待她能為人類帶來新的發明創造和科學進步。在這個龐大的帝國中，複雜的商業和政治關係透過協商和行動來處理每一個緊急事件。英國人的天賦才智和運氣加持，使他們在商業領域占據優勢地位。

這個島國展現出驚人的適應力和創新精神。儘管自然條件並不優越，英國人卻能將劣勢轉化為優勢。他們的河流雖短，卻能充分利用水力資源；雖無重要金礦，卻擁有大量黃金；雖靠近北極無法種植葡萄，卻能輕易獲得世界各地的美酒。

　　英國人的創造力不僅展現在工業領域，還延伸到農業和生態改造。他們透過科學育種改良牲畜，將荒蕪沼澤變為肥沃良田，甚至影響了本地氣候。蒸汽機的應用範圍不斷擴大，從工業生產到農業耕作，無處不在。

　　在商業貿易方面，英國人展現出非凡的創新能力和全球視野。他們不僅出口本地產品，還為世界各地的特定需求量身定製商品，從墨西哥的雨布到印度的大手帕，從中國的人蔘到比利時的花邊飾帶。這種全球化的商業策略使英國在國際貿易中占據主導地位。

　　總之，英國成為工業革命的搖籃和全球化的先驅，其影響力遍及世界各個角落。透過不斷創新和適應，英國人展現出驚人的活力和智慧，為人類文明的進步做出了重大貢獻。

人為的繁榮：英國社會的虛假與矛盾

　　英國社會的繁榮與進步，表面上看似令人驚嘆，實則是一個精心設計的人為產物。這個國家的每一個方面都被精心打造，如同一件精緻的工藝品，從經濟到政治，從教育到司法，無不展現出人為操縱的痕跡。

　　商務部不遺餘力地從歐洲各地引進先進的生產技術和設計理念，以提升本國產品的競爭力。他們翻譯外國的製造工藝，蒐羅最新款式，將這些元素融入本土產品中，使之更加優雅美麗。這種做法雖然提升了英

赴英航行：理解英國人特有的傷感與情懷

國製造業的水準，但也暴露了其缺乏原創性的本質。

英國的法律體系和社會結構同樣充滿人為痕跡。財產權以無形的契約為依歸，社會階層由法律制定，政治權力依據歷史傳統或法律而定。最諷刺的是，那些為國家做出重大貢獻的新興工業城市，卻無法在議會中獲得相應的代表權。相反，一些毫無實質意義的遺址或墩墩卻擁有政治權力，這種荒謬的現象突顯了英國政治制度的落後與不公。

教育體系也未能逃脫這種人為操縱的命運。大學執著於已經消亡的語言，將其塑造成活語言的樣子，這種做法不僅脫離實際，還阻礙了教育的真正發展。教會和社會禮節同樣充斥著虛偽做作，整個社會彷彿都被「伯明翰化」了。

然而，這種人為繁榮的背後隱藏著深刻的矛盾。一方面，英國靠著工業化迅速累積財富，成為世界上最富裕、最奢侈的國家之一。另一方面，社會貧富差距卻日益擴大，幾天的雨水就能讓倫敦街頭餓殍遍地。這種極端的對比，暴露了英國社會發展的不平衡性和脆弱性。

英國精神：凝聚與進步的力量

英國這個小島國家擁有一種獨特的智慧結構，使得知識和思想能夠在全民之間自由流動。每一個思想的火花都能激發整個民族的智慧，將各自累積的力量匯聚在一起，並將之運用於實際生活中。這種智慧交融的現象，就像是一塊經過精心染色的羊毛織品，色彩更加持久鮮豔。

英國人以其堅韌的毅力著稱，他們對自己的事業懷有超越生命的熱忱。這種執著不僅展現在個人追求上，更在國家大事上得到充分展現。普通百姓可能因為一次選舉而搖身一變成為軍人，為了公共利益奉獻自

己的全部熱情。這種由友愛之力凝聚而成的民族精神，成就了許多英雄事蹟。

在英國，階級的差異並未造成民族情感的割裂。貴族與平民使用同一種語言交流，這種語言的統一性在議會、教堂和戲劇院中得到充分展現。演講者無論表達何種想法或情感，都能用最親民的方式傳達給普通大眾。這種源自《聖經》、習慣法和文學大家作品的語言，成為連線各階層的橋梁。

英國的另一大優勢在於其社會對知識的快速吸收和應用能力。像牛頓這樣的偉大科學家的發現，很快就在格林威治天文臺和實際航海中得到運用。這種將理論迅速轉化為實踐的能力，展現了英國社會的開放性和進取精神。

整體而言，英國的力量來源於其民族之間良好的理解力、知識的廣泛傳播、語言的統一性，以及將智慧迅速付諸實踐的能力。這種智慧的交融和文化的凝聚力，使得這個小島國家能夠在世界舞臺上發揮出遠超其規模的影響力。

在這片充滿活力的土地上，知識的種子已然深植於每個人的心中。從地殼研究到原子理論，從人體血管脈絡到農業貿易，昔日被視為危險的探索如今已成為時尚。這種知識的普及不僅展現了英國人對學問的熱愛，更反映出一個國家的集體智慧。

英國社會的獨特之處在於，它不依賴於個別巨人，而是將智慧傾注於全民之中。每個人都有機會在需要時挺身而出，擔當重任。這種平等而又多元的社會結構，使得勞動者與貴族之間的界限變得模糊，人們因其性格而非身分地位而獲得認可。

英國精神的核心在於每個公民都深深理解並珍視自己在國家中的角

色。從國務大臣到海軍學生，從鐵匠到廚師，每個人都以自己的方式為國家貢獻力量。這種集體意識甚至延伸到了犯罪者，他們也為自己對國家的忠誠而感到自豪。

在政治和戰爭中，英國人展現出令人驚嘆的團結精神。尼爾遜將軍的人格魅力正是源於他的無私奉獻，這種特質也激發了他人的忠誠和支持。英國人在生活藝術方面領先世界，他們不僅代表著現代精神，更在塑造著現代精神。

儘管如此，英國人依然保持著冷靜和自信。他們深知自己作為世界文明和力量先鋒的角色，正如一支訓練有素的軍隊，整齊有序地向前邁進。這種集體的力量和進步的精神，正是英國在世界舞臺上持續發揮影響力的關鍵所在。

在18世紀末至19世紀初的英國，科學與工程領域湧現了一批傑出人物，他們的貢獻為工業革命的蓬勃發展奠定了堅實基礎。其中，化學家約翰·道耳吞和工程師喬治·史蒂文生無疑是這個時代最具代表性的人物之一。

道耳吞作為一位化學家，其最重要的貢獻是提出了原子學說。他繼承了古希臘的樸素原子論和牛頓的微粒說，將這些古老的理論發展成為更加系統和科學的學說。道耳吞的原子理論不僅開創了化學的新時代，也為現代化學的發展奠定了理論基礎。他的工作使得化學從一門經驗性的學科逐漸轉變為一門精確的科學。

與此同時，喬治·史蒂文生在工程領域也取得驚人的成就。他被譽為「鐵路之父」，因為他是第一個將火車機車應用於鐵路的人。作為利物浦和曼徹斯特鐵路的總工程師，史蒂文生的工作為英國乃至全世界的交通運輸帶來了革命性的變革。

值得一提的是，史蒂文生的兒子羅伯特·史蒂文生同樣是一位傑出的工程師。他設計的橫跨梅奈海峽的管構橋是當時工程界的一大壯舉，進一步推動了鐵路工程的發展。

　　道耳吞和史蒂文生父子的成就，代表了18世紀末至19世紀初英國在科學和工程領域的巨大進步。他們的工作不僅推動了工業革命的進程，也為現代科技的發展奠定了基礎。這個時期的英國，正是因為有這樣一批優秀的科學家和工程師，才得以在工業革命中取得領先地位，並最終成為當時世界上最強大的工業國家。

探索者的羅盤：
英國學者與冒險家的智慧之旅

　　在英國歷史的長河中，出現一批批卓越的學者、收藏家和冒險家。他們如同手持羅盤的探索者，在知識的海洋中航行，為後世留下了寶貴的精神財富。

　　威廉·克姆敦和威廉·達格堆爾這兩位歷史學家，猶如英國學術界的燈塔。克姆敦的《大英帝國》和《伊莉莎白統治年鑑》照亮了英國歷史的幽暗角落，而達格堆爾則以其嚴謹的治學態度，為我們儲存了大量珍貴的歷史資料。他們的工作不僅僅是簡單的紀錄，更是對法律、宗教、藝術等領域的深入探索。

　　約翰·塞爾登則是一位全能的學者，他的興趣跨越了法學、古玩收藏和東方學，展現了英國學者的博學多才。詹姆士·布林德里和喬西哈·維吉伍德則將學術研究與實際應用相結合，前者透過修築運河連線了英格蘭的五大河流，後者則致力於將製陶業提升為一門崇高的藝術。

069

赴英航行：理解英國人特有的傷感與情懷

菲利浦・德康敏的《回憶錄》為我們提供了中世紀歐洲政治爭鬥的第一手資料，其對路易十一性格的深入剖析，展現了他敏銳的洞察力。

英格蘭：傳統的守護者與探索的先鋒

在遊歷英國的過程中，我不僅感受到了這片土地深厚的歷史積澱，更領略到了英國人對於傳統的執著守護和對未知領域的不懈探索。在大英博物館，我親眼目睹來自古利西亞的珍貴文物，這些由查爾斯・費羅斯發掘並帶回的寶藏，見證了英國人對世界文明的貢獻。因此讓人讚嘆：「英格蘭為人類儲存了這些東西，而且完好無損。她恪守傳統，她是傳統的保護神。」

然而，英國人並不僅僅滿足於守護過去，他們同樣熱衷於開拓未來。約翰・富蘭克林爵士的北極探險就是一個鮮明的例子。儘管他的最後一次航行以悲劇告終，但他的探索精神卻永遠留存於後人心中。利奧波德麥克林托克爵士最終證實了富蘭克林確實發現了連線大西洋與太平洋的「西北航道」，這個發現為人類的航海史寫下了輝煌的一筆。

英國的學術界同樣充滿了探索精神。詹姆士・哈頓在地質學領域的研究開創性地提出了熱能是地球變化的主要驅動力，這個理論為後世地質學的發展奠定了基礎。同時，英國的政治體系也在不斷演進。雖然像約翰・史考特這樣的保守派仍然堅持著傳統的托利黨立場，但改革的聲音從未停止。

在這個充滿神祕色彩的世界裡，我們常常會遇到一些難以解釋的現象。從愛爾蘭和蘇格蘭的班西女妖，到英國詩人波普的詩句，再到查特沼地的泥炭沼澤，這些元素彷彿構成了一幅豐富多彩的文化畫卷。

想像一下，在某個陰雨綿綿的夜晚，班西的叫聲劃破寂靜，預報著未知的命運。這種神祕的力量，與波普筆下優美的詩句形成了鮮明的對比。而查特沼地，這片位於英國蘭卡什爾地區的廣闊泥炭沼澤，則為我們呈現了大自然的另一面。它不僅是一個地理概念，更是人類與自然互動的活生生的例證。

從神祕的班西到務實的地質學，從詩歌的優美到政治的現實，這些看似不相關的元素提醒我們，世界是如此複雜而又美妙，需要我們以開放的心態去探索和理解。

英倫風骨：勇氣與堅毅的民族特質

英國人的性格特質如同他們鍾愛的良駒，兼具勇氣與耐力。這種特質深深根植於他們的文化底蘊中，塑造了一個獨特而富有魅力的民族。在我眼中，英國人是世界上最固守傳統的民族，但這種堅持並非僵化，而是一種自信和自豪的展現。

英國的文化環境和生活條件孕育出了世界上最優秀的女性。這些女性不僅自身出色，還能激勵身邊的男性不斷完善自我。英國男人本就以多情和忠誠著稱，在這樣的女性陪伴下，更顯得風度翩翩。

英國人特別欣賞直率和果斷的品格，他們鄙視在實際問題面前猶豫不決的懦夫。這種態度展現在生活的各方面，從普通民眾到社會菁英，無一例外。有趣的是，英國人雖然固守傳統，但對於真正有本事、有勇氣的人，他們願意破例相容。

我抵達利物浦那天，聽到一位紳士描述愛爾蘭總督時說：「克萊里登勳爵有雄雞那樣的勇氣，不到戰死絕不罷休。」這句話生動地概括了英

赴英航行：理解英國人特有的傷感與情懷

國人最為推崇的特質——勇氣。無論是車伕、商人、主教、女性還是報刊，勇氣都是他們共同的特質。

英國社會對勇氣的推崇，不僅展現在個人身上，也反映在機構和媒體中。有人說《泰晤士報》是英國最勇敢的存在，這種說法頗具深意。西德尼·史密斯曾幽默地預言，身材矮小的約翰·羅素大臣將來必定會統領海峽艦隊，這句話後來廣為流傳，成為家喻戶曉的典故。

整體而言，英國人的勇氣和堅毅，構成了這個民族獨特的風骨，也是他們在世界舞臺上始終保持影響力的關鍵所在。

在這個工業革命席捲大不列顛的時代，英國人的性格似乎與他們所創造的機器融為一體。他們崇尚堅毅不屈、勇往直前的精神，鄙視那些優柔寡斷、畏首畏尾之輩。這種國民性格並非偶然，而是在工業化的洪流中逐漸塑造而成的。

英國人的性格就像他們引以為傲的蒸汽機一樣，既有力量又不失靈活。他們不懼於挑戰權威，甚至樂於打破常規，但前提是你必須展現出與之匹配的才能和勇氣。這種特質在當今機器盛行的時代顯得尤為珍貴。

然而，機械化的浪潮也帶來了前所未有的挑戰。工廠、礦井、鐵路等場所中，精密的機器不知疲倦地運轉，要求人們以同樣的效率和準確性來操作它們。這種高強度的工作節奏無疑給工人們帶來了巨大的壓力，使人不禁懷疑：我們是在使用機器，還是被機器所奴役？

更令人擔憂的是，機械化的影響已經遠遠超出了工廠的範疇。從團隊訓練到警察執法，從法律制度到商業規則，機械化的思維模式正在悄然改變著整個社會的運作方式。它試圖將人的行為、習慣，甚至思想都納入一個可預測、可控制的框架之中。

面對這種局面，英國人似乎找到了自己的應對之道。他們意識到，要在這個機械主導的世界中生存下去，人必須具備某些「金屬般的特質「──堅韌、靈活、耐受力強。這並不意味著放棄人性，而是在保持人性的同時，培養出適應新時代的能力。

最終，英國社會向我們傳達了一個清晰的訊息：這不是一個適合膽小鬼的國度。在這裡，猶豫不決意味著被淘汰。只有那些勇於面對挑戰、勇往直前的人，才能贏得尊重，擁有美好的未來。這或許就是英國在機械時代的生存之道──以鋼鐵般的意志，在機器與人性之間尋求平衡。

英倫島國的獨特性格：從精力充沛到個人主義

英國人的性格特徵如同這個島國本身，既引人入勝又令人困惑。他們的精力充沛程度令人咋舌，即便早餐僅僅是雞蛋和鬆餅，也無法阻止這些狂暴勇士在工作之外四處征戰。他們說話時全身投入，聲音從肺腑發出，與美國人僅用嘴唇發聲形成鮮明對比。這種活力不僅展現在言語中，更滲透到他們的一舉一動，甚至呼吸和清嗓子的聲音中。

然而，英國人對生活品質的要求卻又極其嚴格。他們對食宿、旅途舒適度乃至日常用品都挑剔至極，稍有不滿就會毫不客氣地表達出來。這種對細節的執著似乎與他們充沛的精力相輔相成，共同塑造了英國人獨特的性格特徵。

更為有趣的是，英國人在社交場合表現出的獨立性和自我中心傾向。每個英國人彷彿都是一座孤島，專注於自己的事務，對周遭的人和

赴英航行：理解英國人特有的傷感與情懷

事漠不關心。他們行走、用餐、穿衣時都旁若無人，但這並非出於無禮，而是源於對個人空間的尊重和對他人隱私的維護。

這種獨特的個人主義在社交場合更為明顯。即便在中產階級紳士的聚會上，英國人也保持著自己的節奏和距離。他們不輕易與陌生人搭話，眼神專注於餐桌或報紙，彷彿周圍的一切都與己無關。這種行為可能源於他們嚴格的禮儀教育，使他們在公共場合總是保持著一定的距離感。

英國人對隱私的重視程度令人驚訝。他們不願輕易透露自己的姓名，即便是在旅館登記時也顯得極為勉強。名片的交換在他們看來幾乎等同於友誼的宣告。即使在被介紹時，英國人也會保持冷漠的表情，儘管內心可能已經在思考如何與新相識建立連繫。

這種獨特的性格特徵使英國成為一個充滿矛盾和魅力的國度。他們既熱情奔放又克制自持，既關注細節又不拘小節，既獨立自主又注重禮節。這些看似矛盾的特質共同構成了英國人複雜而迷人的性格，也使得這個島國在世界文化中占據了獨特的地位。

英國人對家的熱愛不僅僅展現在他們對居所的精心打理上，更深深根植於他們的文化與性格之中。英國人的家不僅僅是遮風避雨的場所，更是他們心靈的港灣。由於英國多雨潮溼的氣候，使得人們更加珍惜室內的溫暖與舒適。這種天然的傾向，加上英國人固有的摯愛和忠誠特質，造就了他們對家的深厚感情。無論是富有的紳士還是普通百姓，都會盡其所能地美化自己的居所。

在英國人的家中，每一件擺設都有其特殊的意義。從祖輩傳下來的銀器、冒險旅行帶回的紀念品，到莊園自產的物品，都被精心儲存和展示。這些物品不僅僅是裝飾，更是家族歷史的見證者。即便是最普通的

家庭,也會珍藏幾件特別的物品,如教母贈送的勺子或燉鍋,以此維繫家族的連結和記憶。

英國人對家的熱愛還展現在他們對細節的關注上。他們會在戶外種植花草,室內則精心布置,從壁板到窗簾,從雕像到名畫,每一處都經過深思熟慮。這種對家居裝飾的熱情往往比其他事物更加持久和強烈。

這種對家的珍視和對物品的珍藏,使得英國人的家逐漸演變成一座小型博物館。每一件物品都有其獨特的故事,每一個角落都承載著家族的回憶。這種做法不僅儲存了家族的歷史,也為後代留下了寶貴的文化遺產。

整體而言,英國人的家不僅僅是一個居住的地方,更是一個承載著歷史、情感和文化的生活空間。它反映了英國人的性格特質,展現了他們對傳統的尊重,以及對家庭的深厚感情。這種獨特的家居文化,使得每一個英國家庭都成為一座獨一無二的生活博物館。

英國家庭的溫馨與傳統:
維多利亞時代的縮影

在英格蘭這片綠意盎然的土地上,家庭的概念如同一顆種子,深深根植於每個人的心中。英國人對家庭的摯愛,不僅僅是一種情感,更是一種文化傳統,一種生活方式。這種家庭觀念,如同一條無形的紐帶,將每個家庭成員緊密地連繫在一起,形成了英國社會的基石。

英國的家庭通常規模不大,但親密無間。在這樣的環境中,英國培育出了世界上最優秀的女性。她們不僅是家庭的中心,更是男性的靈感泉源和精神支柱。正如莎士比亞筆下的伊莫金、波西亞和德斯苔蒙娜,

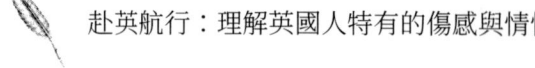

赴英航行：理解英國人特有的傷感與情懷

英國女性展現出高尚的情操和堅定的愛情。這種兩性之間的互動和支持，成為英國社會最為珍貴的財富之一。

英國人對家庭的重視不僅展現在情感層面，更反映在社會各個方面。從商業貿易到帝國建設，英國人的行為動機往往源於保護家庭的獨立性。這種家庭觀念影響了從宮廷到軍營的各個階層，甚至塑造了英國人的行為舉止。

然而，這種對家庭的執著也有其過分之處。正如珀西瓦爾首相每週日帶著全家去教堂禮拜的景象所展現的，有時這種傳統會顯得有些刻板和愚蠢。但不可否認，正是這種對家庭和傳統的堅持，造就了英國社會的穩定和繁榮。

英國人對傳統的尊重也展現在其社會制度中。世襲制度、古老的儀式和習俗在英國依然盛行。從倫敦街頭的中世紀遺跡，到延續數百年的租約和服務條款，英國人似乎總是在用過去的經驗來應對現在和未來。

這種對傳統的堅持，雖然有時會阻礙變革，但也為英國社會提供了穩定性和連續性。正如華茲渥斯所描述的那些世代耕種同一塊土地的農民，英國人的力量源於他們對熟悉事物的依戀和對變遷的謹慎態度。

在這片充滿傳統和家庭溫情的土地上，我們看到了一個獨特的英國：既保守又進步，既傳統又創新。這就是維多利亞時代的英國，一個家庭與傳統交織的縮影。

英國人的性格中蘊含著一種獨特的矛盾：他們既固守傳統，又不斷適應時代的變遷。這種看似矛盾的特質，實際上是英國社會穩定發展的基石。正如海貝殼既代表波濤洶湧，又象徵堅固不移，英國人在面對變革時總是小心謹慎，步步為營。

英國人對於傳統的執著，展現在他們對習俗和禮儀的重視上。「這

「不成體統」是他們最為忌諱的評價，因為在他們看來，禮儀不僅是一種表面的光鮮，更是一種內在的美德。這種堅持帶來的是一種獨特的社會秩序，但同時也可能導致一些人變得死板、乏味。

然而，英國人並非完全抗拒變革。他們意識到「時間才是真正的改革者」，強調「與時共進」的重要性。這種漸進式的改革理念，使得英國能夠在保持社會穩定的同時，不斷適應新的時代要求。

英國人的克制和低調也是他們性格中的重要特徵。他們避免炫耀和自誇，追求一種不引人注目的言行舉止。這種克制不僅展現在日常生活中，也延伸到公共事務的處理上。他們以不追求戲劇性而自豪，強調簡明扼要和切中要害。

這種矛盾而又和諧的特質，使得英國在面對社會變革時能夠保持一種微妙的平衡。他們既尊重傳統，又不拘泥於舊例；既重視禮儀，又不失靈活應變的能力。這或許就是英國社會能夠在歷史長河中保持相對穩定，並不斷進步的原因所在。

英國晚宴：社交藝術的巔峰

在英國這個充滿貴族傳統的國度，晚宴不僅僅是一頓飯，更是一門精緻的社交藝術。幾個世紀以來，邀請他人共進晚餐被視為最高級的禮遇，這種習俗早在 500 年前就令威尼斯旅行者驚嘆不已。英國人寧願慷慨款待客人，也不願輕易施捨金錢，可見其重視程度。

晚宴的時間安排也別具匠心。一般而言，家庭成員會在晚上 6 點用餐，但若有賓客來訪，晚餐時間可能會推遲一、兩個小時。無論是主人還是客人，都會精心打扮，展現對這場社交活動的重視。客人們遵循著

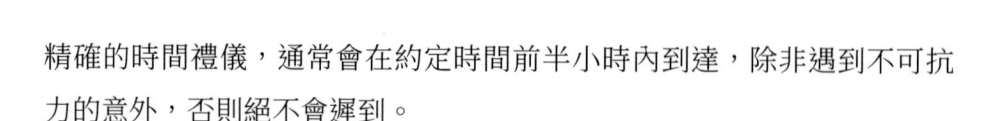

赴英航行：理解英國人特有的傷感與情懷

精確的時間禮儀，通常會在約定時間前半小時內到達，除非遇到不可抗力的意外，否則絕不會遲到。

英式晚宴的流程也成為大西洋沿岸城市的典範。晚宴通常持續一、兩個小時，之後女士們會先行退席，男士們則繼續品酒交談。最後，所有人再聚集在客廳，一邊品嘗咖啡，一邊閒聊。

這種盛裝晚宴的傳統培養了英國人獨特的席間閒談技巧。談話內容豐富多彩，從科普知識到創新發明，從幽默小品到政治文學，再到鐵路、馬匹、鑽石、農業、園藝、養魚、釀酒等各種話題，無一不可成為晚宴上的題材。這些精采的對話往往引人入勝，令人回味無窮。

英國晚宴不僅是一種社交活動，更是一種藝術形式，它展現了英國人對禮儀、談吐和社交技巧的極致追求。透過這種獨特的文化傳統，英國人不僅享受美食，更在其中培養了深厚的人際關係和社交智慧。

在這個世界上，文明的高峰往往建立在勞動者的辛勤付出之上。那些篩選玉米的工人，用他們的汗水和艱辛，鑄就了貴族階級的輝煌與奢華。這種階級差異不僅展現在物質生活中，更深刻地反映在文化與智慧的累積上。

英國，尤其是倫敦，無疑是這種文明成就的集中展現。這裡不僅有令人拍案叫絕的小說創作，還有那些凝聚著智慧結晶的格言警句。更令人驚嘆的是，那些被精心記錄和整理的席間談話，其中蘊含的智慧絲毫不遜色於法國的文學傑作。這種高雅的文化氛圍，使倫敦成為一個吸引全世界各族裔人群的磁場。在這裡，生活的每一個角落都充滿了豐富多彩的色彩，就如同那起伏有致、美不勝收的英國鄉村風光。

反觀美國，雖然我們自詡為聰明的學者，但不得不承認，我們還遠未達到那種至善至美的境界。我們的生活和文化氛圍，更像是一望無際

的荒蕪草原，單調而乏味。這種對比，不禁讓人感慨萬分。

然而，倫敦的魅力不僅僅在於其文化的深厚積澱，更在於其生活方式的精緻與智慧。每當夜幕降臨，那些盛裝晚宴就成為一天中最精采的舞臺。在這裡，一天中所有有趣的事情都會被巧妙地彙集在一起，經過精心的提煉，最終成為那些令人回味無窮的名言警句。

更令人驚嘆的是，在倫敦，你隨時隨地都可能遇到那些談吐不凡的智者。他們學識淵博，見多識廣，談笑間的智慧往往遠遠超越了書本上的知識。這些人彷彿無所不能，只要他們想到的，就一定能做到。這種智慧的火花，正是倫敦文明之所以閃耀的根本所在。

英國女性的堅毅與智慧：雷切爾·羅素的故事

在 17 世紀的英格蘭，一位名叫雷切爾·羅素的女士展現了非凡的勇氣和智慧，她的故事至今仍然激勵著後人。作為南安普敦伯爵的女兒，雷切爾本可以過著優渥安逸的生活，但命運卻給她安排了一場艱難的考驗。

她的丈夫威廉·羅素勳爵被誣陷參與反對查爾斯二世的陰謀，面臨著不公正的審判。在那個年代，被告甚至不被允許聘請律師為自己辯護。面對如此不利的局面，雷切爾毅然挺身而出，成為丈夫的代言人和辯護者。

雷切爾在法庭上展現出驚人的勇氣和機智，她不畏權貴，據理力爭，為丈夫的清白奮戰到底。儘管最終未能改變丈夫的命運，但她的行為卻彰顯了英國女性的堅韌不屈和睿智果敢。

正如愛默生在其著作中所言,「英國出產世界上最好的女子」。雷切爾·羅素的故事無疑印證了這一點。她不僅是一位忠誠的妻子,更是一個勇於挑戰不公、為正義而戰的典範。

這種堅韌不屈的精神也展現在愛默生家庭的日常生活中。每當孩子們遲到回家吃飯,愛默生總是說:「沒有死也沒有殘就不要找藉口。」這句話後來成為家喻戶曉的格言,它不僅展現了愛默生家庭的教育理念,更反映了英國人崇尚責任和紀律的文化特質。

雷切爾·羅素的故事,以及愛默生家庭的格言,都向我們展示了英國女性和英國文化中蘊含的堅毅品格。這種品格不僅在歷史的關鍵時刻閃耀光芒,更在日常生活中潛移默化地影響著每一代人。

誠信：英國人的立國之本

英國人的真誠與信譽，如同一座堅不可摧的堡壘，屹立在這個島國的文化核心。這種品格特質並非偶然，而是源自於悠久的傳統和日常生活中的點滴累積。從商業交易中的守時準確，到政治生活中的言而有信，英國人的誠信精神無處不在。

這種誠信文化的根源可以追溯到日耳曼部落的集體主義精神。「日耳曼」這個詞本身就蘊含著真摯和誠實的意味。這種精神在古代藝術中得到了充分的展現，無論是雕像還是彌撒書上的肖像，都透露出一種發自內心的虔誠。

在現代社會中，這種誠信精神更是深入到了政治和經濟生活的各方面。政府的每一項決策、每一次承諾，都受到民眾的嚴格監督。如果出現任何背信棄義的行為，整個社會都會迅速反應，組成調查委員會，追究到底。這種機制確保了政府的透明度和責任感，也維護了整個社會的誠信基礎。

在個人層面，英國人也極為重視信守諾言。無論是大事小事，一旦許下承諾，就會盡力兌現。反之，如果有人言而無信，不僅會受到社會的譴責，還可能被永遠記錄在案，就像一本永遠無法抹去的「末日之書」。

這種根深蒂固的誠信文化，不僅塑造了英國人的國民性格，也成為英國在國際舞臺上贏得尊重和信任的重要資本。它是英國社會穩定、經濟繁榮的基石，也是英國人引以為豪的民族特質。在這個充滿不確定性

誠信：英國人的立國之本

的世界中，英國人的誠信精神無疑是一股穩定的力量，為這個國家的未來發展提供了堅實的保障。

真誠：英國民族的靈魂基石

英國民族的真實力量源於他們與生俱來的真誠本性。這種真誠不僅是一種美德，更是一種生存策略，反映了這個民族在自然選擇中所獲得的優勢。就像自然界中某些高貴的物種一樣，英國人不僅擁有力量，還將真誠視為社會存在的根基。

在英國文化中，真誠被視為一種近乎神聖的特質。從古至今，英國人都以直言不諱、言出必行為榮。這種特質深深根植於他們的集體意識中，影響著他們的行為方式和社交準則。英國歷史上的偉大人物，如被稱為「說真話者」的阿佛烈，都因其誠實而受到民眾的愛戴，成為民族典範。

英國人的真誠不僅展現在個人行為中，更滲透到整個社會文化中。許多英國家族的家訓都強調誠信，如「言必行」、「言必信」等。這些簡單而有力的箴言不僅是家族傳統，更是整個民族的行為準則。在英國社會中，誠實被視為最基本的美德，而說謊則被認為是對英國人最大的侮辱。

這種對真誠的推崇也影響了英國人的交際方式。他們傾向於直來直去，不喜歡拐彎抹角。在他們看來，含糊其辭或推諉搪塞都是不可接受的行為。即使是在法國教養長大的切斯特菲爾德公爵，也認為真誠是區分紳士與常人的關鍵特質。

英國人的誠實不僅在國內受到尊重，在國際上也贏得了信譽。威靈

頓勛爵就曾建議法國將軍克勒曼可以完全相信英國軍官的誓言。這種誠信不僅展現在軍事外交中，也成為英國人區別於其他民族的象徵。

整體而言，真誠已經成為英國民族的靈魂基石，是他們引以為豪的特質，也是他們在國際舞臺上贏得尊重的關鍵。這種發自內心的真誠，不僅塑造了英國人的國民性格，也為他們的社會發展和國際地位奠定了堅實的基礎。

英國人的性格特質一直是世界各國觀察和評論的焦點。在這個島國，誠實和務實並不僅僅是個人品德，更是深植於民族文化中的核心價值觀。這種特質展現在他們的日常生活、社交互動，甚至國家政策中。

英國人對真實的追求可謂執著。他們珍視真實的財富、權力和情誼，不屑於虛假的表象。這種態度反映在他們的言行舉止中：說話直接，不喜歡誇張或虛飾。即便是在裝飾方面，他們也偏愛真實的寶石，而非華而不實的飾品。

這種誠實的特質延伸到他們的建築風格中。英國人偏好用石頭建造堅固耐用的房屋，無論是公共建築還是私人住宅。這種建築風格不僅反映了他們對實用性的重視，也象徵著他們性格中的穩重和可靠。

在國際關係中，英國人的誠實也發揮了重要作用。正如斯達爾夫人所言，英國人發現了將成功與誠實結合的訣竅，這一點甚至激怒了拿破崙。威靈頓公爵就是一個典型例子，他憑藉自己的誠實和洞察力，預見了拿破崙帝國的衰敗。

然而，英國人並不因他們的誠實而自傲。相反，他們保持謙遜，專注於自己的事務。這種態度使他們贏得了其他國家的尊重和信任。正如在聖喬治節慶祝活動中所聽到的那樣，無論在何處遇到英國人，人們都會信任他們，因為他們給予人誠實可靠的印象。

誠信：英國人的立國之本

　　整體而言，英國人的誠實和務實不僅塑造了他們的國民性格，也影響了他們在世界舞臺上的地位和形象。這種特質既是他們的驕傲，也是他們面對世界複雜局勢時的優勢。

堅守信念：英國人的獨特品格

　　英國人的性格特質中，堅持信念、直言不諱的精神尤為突出。這種特質在歷史長河中不斷展現，塑造了英國獨特的文化魅力。讓我們進一步探討這種令人欽佩的國民性格。

　　英國人的直率不僅展現在日常生活中，更在重大場合中彰顯無遺。即便面對權威，他們也能保持獨立思考，不畏懼表達自己的立場。這種勇氣源於他們對個人信念的堅守，以及對真理的不懈追求。

　　在政治和社會生活中，英國人的這種特質尤為明顯。他們不會輕易改變對人或事的判斷，即使面對權貴或名人也是如此。這種態度可能看似固執，但實則反映了他們的原則性和一致性。他們相信，一個人的本質不會因外在環境的變化而改變。

　　這種堅持原則的精神也展現在英國人的信仰生活中。他們的宗教信仰往往深入骨髓，成為生活的指導準則。即使在逆境中，他們也能堅守信仰，不輕易妥協。這種堅定不移的態度，使他們在面對誘惑和挑戰時能夠保持內心的平靜和堅強。

　　然而，這種特質也有其局限性。英國人可能會顯得不夠靈活，難以適應急遽變化的環境。他們的固守成規有時會阻礙創新和進步。但正是這種看似的缺陷，造就了英國社會的穩定性和可預測性。

　　整體而言，英國人的直率、堅持和原則性構成了他們獨特的民族品

格。這種品格雖然有時顯得固執，但也正是這種堅持，塑造了英國在世界舞臺上的獨特地位和影響力。理解和欣賞這種特質，有助於我們更容易理解英國文化，並從中汲取有益的啟示。

英國人素來以其堅毅不屈的性格著稱，這種特質不僅展現在日常生活中，更是深深烙印在其政治文化之中。19 世紀中葉的英國，正處於維多利亞時代的鼎盛期，國民們對自身的品格和行為準則有著極高的要求。

在公共事務領域，英國人期望其公職人員展現出無可挑剔的忠誠度、堅定的信念以及務實的精神。這種期望源於他們對誠實、剛毅和忠貞等品格的推崇。英國人傾向於欣賞那些全身心投入自身事業和生活目標的人，認為這種專注和執著是值得敬佩的特質。

然而，這種對自身道德標準的嚴格要求，也往往伴隨著對他國和他族的偏見。英國人對愛爾蘭議員的批評就是一個典型例子。他們認為愛爾蘭人缺乏堅定的立場和創新精神，在議會中表現得過於順從和被動。這種態度部分源於英國政府對愛爾蘭的稅收政策，英國人認為這是不公平的讓步。

英國人的這種偏見並不僅限於愛爾蘭人。他們對法國人的輕浮、愛爾蘭人生活無目標以及德國人的書呆子氣質都持有負面看法。這種對他國的刻板印象在一定程度上反映了英國人對自身價值觀的自信，但同時也暴露了其狹隘的一面。

1851 年的英國議會會議成為英國人堅持原則的一個縮影。面對可能的利益誘惑，英國議員們堅決維護自身權益，拒絕以讓步換取個人利益。這種行為既彰顯了他們的正直，也反映了英國人對於被欺騙的深深憎惡。

誠信：英國人的立國之本

整體而言，19世紀中葉的英國人在塑造其國民性格時，既展現出值得稱道的特質，如堅持原則、忠誠和務實，同時也難免陷入對他國的偏見和成見之中。這種複雜的國民性格，在相當程度上塑造了當時英國的政治文化和社會氛圍。

英國人的矛盾性格：固執與幻想並存

英國人的性格中存在著一種奇特的矛盾。一方面，他們以堅持原則、拒絕妥協而自豪，另一方面又常常被一些不切實際的幻想所蒙蔽。這種矛盾性在政治和社會生活中表現得尤為明顯。

英國人對政客往往持批評態度，認為他們是投機分子。他們極度重視自己的權益，寧可放棄晉升機會也不願做出讓步。這種固執的態度在很多方面都有展現。比如，一位律師可能會拒絕王室授予的榮譽；一位將軍可能堅持要得到應得的勳章。他們鄙視那些「騎牆派」政客，認為變節是最可恥的行為。

然而，這種堅持原則的態度卻常常與一些不切實際的幻想並存。英國人容易相信一些陰謀論，比如認為某些政治運動是外國勢力在背後操縱的。他們也傾向於相信一些關於其他國家的刻板印象。這種幻想不僅存在於普通民眾中，甚至一些頭腦清醒的人也難免陷入其中。

英國人的性格還表現出一種獨特的遲緩感。他們做事謹慎，喜歡三思而後行，這使得他們常被認為反應遲鈍，有「事後諸葛」的傾向。這種遲緩也展現在他們的生活習慣上，無論走到哪裡都要堅持自己的生活方式。

整體而言，英國人的性格中既有堅持原則的一面，也有容易受幻想影響的一面。他們對自己熟悉的事物充滿信心，卻對未知的事物抱有偏

見。這種矛盾的特質塑造了英國獨特的社會文化氛圍，也影響了他們在國際舞臺上的行為方式。

在 19 世紀初期，歐洲各國之間的文化交流日益頻繁，人們開始對不同國家的國民性格產生了濃厚的興趣。然而，這種對國民性格的描述往往流於表面和片面，甚至演變成刻板印象。讓我們一起來探討這個有趣的現象。

英國人的遲鈍在當時成為歐洲大陸的話題。有趣的是，英國人似乎對此毫不在意，反而以此為傲。一個典型的例子是那位德比鎮的地方官員在歌劇院的舉動。他對舞臺上虛構的危險情境做出了真誠的回應，這種行為在今天看來可能顯得可笑，但在當時卻被視為英國人誠實正直的展現。

與英國人的遲鈍形成鮮明對比的是法國人的機智和圓滑。法國人似乎更擅長運用智慧和親和力來影響歐洲，而非依靠財富和權力。這種對比反映了兩國在文化輸出方面的不同策略。

然而，我們不應該將這些描述視為絕對的真理。正如書中所言，義大利人被描述為陰險狡猾，西班牙人被認為背信棄義，埃及人則以守口如瓶著稱。這些描述顯然都是過於籠統和片面的。

實際上，每個國家的人民都是複雜多樣的個體，不能簡單地用幾個詞來概括。英國作家笛福對此有深刻的認知，他在詩中對同胞的描述可能更接近真實：英國人易怒且自負，這使得他們難以被簡單地歸類。

這些對國民性格的描述反映了當時人們對異國文化的好奇和理解不足。今天，我們應該以更開放和包容的態度來看待不同國家和文化，避免落入刻板印象的陷阱。畢竟，每個人都是獨特的個體，不應該被簡單地貼上國籍標籤。

誠信：英國人的立國之本

英式謹慎與坦蕩：
一個矛盾而迷人的民族性格

　　英格蘭人的性格特質總是讓人感到既熟悉又陌生。他們以直率著稱，卻又不乏謹慎與含蓄。這種看似矛盾的特質，正是英格蘭文化的迷人之處。

　　談到英格蘭人的坦率，我們不得不提到他們那令人印象深刻的心直口快。他們往往毫無遮攔地表達自己的想法，甚至連自己的思想都難以掩飾。這種坦蕩的性格使他們很難玩弄心機或耍陰謀，因為他們的內心世界就像一本攤開的書，任誰都能一目了然。

　　然而，這種坦率並非意味著他們缺乏智慧。相反，英格蘭人的謹慎同樣令人稱道。正如愛默生所觀察到的，英國人善於「在恭維中檢討自己」。這種謙遜而又自省的態度，展現了他們深思熟慮的一面。

　　英格蘭人的謹慎還展現在商業往來中。正如美國商人喬舒亞・貝特茲所說，他在倫敦工作30年，從未遇到有人敢欺騙他。這不僅說明了英格蘭人的誠信，也反映了他們在商業交往中的謹慎態度。

　　這種謹慎與坦率並存的性格特質，在英格蘭的建築中也有所展現。以西敏寺為例，這座19世紀末建成的教堂融合了義大利與拜占庭風格，呈現出一種獨特而又怪異的美感。它既保留了傳統，又不乏創新，恰如英格蘭人的性格：既守舊又開放。

　　整體而言，英格蘭人的性格就像一幅精心編織的掛毯，既有直率坦蕩的經線，又有謹慎含蓄的緯線。正是這種看似矛盾卻又和諧共存的特質，塑造了英格蘭獨特而迷人的民族性格。

▌變革時代的社會動盪

　　十九世紀中葉的英國正處於巨變的年代。隨著工業革命的深入發展，社會階層間的矛盾日益尖銳。在這個動盪的時期，我們看到了前所未有的景象 —— 上層階級竟然主動走上街頭，維護自身權益。那些平日高高在上的貴族們，如今也不得不放下身段，與平民一起充當臨時警察。這種現象在英國歷史上可謂破天荒第一次。

　　與此同時，精神主義運動也開始在大西洋兩岸蔓延。起源於美國羅徹斯特的「敲擊聲」現象，很快引起了廣泛關注。人們對於超自然力量的好奇心被極大地激發，各種通靈和招魂活動如雨後春筍般湧現。這場運動甚至影響到了一向以理性著稱的英倫三島，阿爾比昂的土地上也開始瀰漫著一股神祕主義的氛圍。

　　然而，並非所有人都對這些新興現象持歡迎態度。正如丹尼爾・笛福在《真正的英國人》中所批評的那樣，有人認為這些變革正在動搖英國社會的根基。他們擔心，隨著階級界限的模糊和傳統信仰的衰落，英國人的本質正在逐漸流失。

　　在這個充滿矛盾與衝突的時代，英國就像一座蓄勢待發的火山。表面上看似平靜，實則內部暗流湧動。就像西西里島上的埃特納火山，雖然山頂常年積雪，山麓風景如畫，但隨時可能爆發出驚天動地的力量。這種潛在的爆發力，既令人敬畏，又令人期待。

　　面對這樣一個充滿不確定性的未來，英國人究竟該如何自處？是堅守傳統，還是擁抱變革？這個問題，恐怕連最睿智的學者也難以給出一個確切的答案。

誠信：英國人的立國之本

英倫島上的深沉民族：
探索英國人獨特的性格特質

　　英國人的性格如同他們所處的島嶼一樣複雜多變。他們既可以粗獷豪邁，又能優雅文縐；既能將事情做到極致，又能以同樣的熱情嘗試新的方法。這種多樣性賦予他們強大的適應能力和互補性。

　　英國人以其非凡的智慧聞名於世。在與其他民族交往時，他們堅持使用自己的語言，並以此影響他人。他們慷慨地贊助其他民族，卻不求回報；他們能夠改變他人的信仰，而自身卻不輕易被改變。這種特質使他們能夠同化其他民族，而不是被同化。

　　憂鬱是英國人最著名的性格特徵之一。與歡樂的南方民族相比，他們顯得沉悶而緩慢。然而，這種憂鬱並非消極的悲傷，而是一種莊重和深思熟慮的表現。英國人習慣在家中尋找樂趣，他們深知生活中的快樂同樣重要，否則思想會變得僵化，言語會變得乏味。

　　英國人的這種憂鬱性格已經深深根植於他們的民族特性中。從古至今，許多法國旅行者和作家都描述和評論了英國人的嚴肅性格。在英國，歡聲笑語似乎是罕見的。他們不從反思中尋求安慰，反而將反思本身視為慰藉。當需要娛樂時，他們會選擇工作。歡樂對他們來說，更像是一種突如其來的情緒波動。

　　在這片土地上，宗教、戲劇和閱讀都在培養和強化著英國人與生俱來的憂鬱氣質。警察不會干涉大眾的娛樂活動，他們認為尊重這個難以安慰的民族的歡樂時刻是自己的責任。有趣的是，英國人聞名世界的勇

英倫島上的深沉民族：探索英國人獨特的性格特質

氣可能源於他們對生活的某種厭倦。

整體而言，英國人的性格特質塑造了一個深沉、智慧且富有適應性的民族。他們的憂鬱氣質不僅成為他們的代表，也成為他們面對世界的獨特方式。

英國人的性格畫像：矛盾與多元的交織

英國人的性格如同一幅複雜的織錦，由無數看似矛盾的線索編織而成。他們既是酸腐易怒的，又是溫和親切的；既固執己見，又富有智慧。這種多面性不僅反映了英國社會的階層差異，更展現了這個民族在歷史長河中積澱的豐富內涵。

讓我們走進一家普通的英國客棧，這裡是觀察真實英國人的絕佳窗口。在這個商務室般的空間裡，你會遇到各式各樣的人物：手持樣品的業務員、粗獷的農夫、精明的鄉紳。他們或許不是上流社會的代表，卻是英國血統的真實載體。在藝術和教育的薰陶尚未深入之時，這些人身上呈現出最原始、最純粹的民族特質。

英國人的性格深深根植於他們所處的環境。他們與大地緊密相連，散發著泥土的氣息；他們又與海洋血脈相通，具備了海洋的特質。這種與自然的緊密連繫塑造了他們敢愛敢恨、堅持不懈的性格。一旦他們認定了某件事，就會全身心地投入，甚至到了固執的地步。

然而，這種堅持並非源於感性，而是一種近乎本能的依戀。英國人對自己的生活方式有著深深的眷戀，就像沉浸在一場美夢中難以醒來。他們精力充沛、行為粗獷，時而冷漠無情，時而又激情四溢。這種矛盾的表現，正是英國人性格的真實寫照。

在英國人的內心深處，始終存在著一種警惕。他們對於過於理想化或天真爛漫的事物保持懷疑，對於不盡情享受生活的人心存質疑。這種態度或許源於他們對生活本質的深刻理解，也可能是長期以來形成的一種防禦機制。

整體而言，英國人的性格是一個充滿矛盾又和諧的綜合體。它既反映了英國社會的多元化，也展現了這個民族在面對複雜世界時的應對之道。理解英國人，需要我們跳出簡單的刻板印象，去感受這個民族性格中的豐富層次和深邃內涵。

在這片充滿迷霧和傳奇的土地上，英國人的精神如同堅硬的花崗岩，歷經風雨而不改其本色。他們的勇氣不僅展現在戰場上，更滲透到生活的各方面。就如同那幅著名的《永遠的蘇格蘭》畫作所呈現的，蘇格蘭灰龍騎兵團在滑鐵盧戰場上迎著敵人的猛烈炮火毫不退縮，這種精神正是英國人性格的縮影。

英國人的執著有時近乎頑固，他們堅持自己的信念，即便這些信念在他人眼中可能顯得荒謬。從占卜星座預測死期的伯頓，到反對《主禱文》的赫齊卡亞・伍德沃，他們都展現了這種不屈不撓的堅持。

這種堅強不僅展現在思想上，更在行動中得到了充分的展現。正如威靈頓和納爾遜所說，英國士兵和水手們展現出的勇氣是無與倫比的。他們不懼死亡，勇於衝鋒陷陣，為榮耀而戰。

然而，英國人的特質並非單一面向。他們既有堅毅勇敢的一面，也有詩意浪漫的靈魂。這種複雜的特質造就了他們在文學、藝術、科技等領域的輝煌成就。年輕人充滿激情與願景，雖然有時會顯得魯莽衝動，但正是這種不羈的精神推動著社會的進步與創新。

英國人的好奇心和探索慾望驅使他們走遍世界的每個角落，他們不

英倫島上的深沉民族：探索英國人獨特的性格特質

畏艱險，勇於挑戰未知。這種精神使他們成為偉大的探險家和發現者。然而，這種特質也有其負面影響，有時會表現為傲慢和唐突，讓他們在異國他鄉樹敵。

整體而言，英國精神是一種複雜而矛盾的存在，它既包含了勇氣和堅毅，也不乏固執和偏見。正是這種多面性造就了英國獨特的國民性格，塑造了這個國家在世界舞臺上的重要地位。

英倫魂魄：深沉而多變的民族性格

英國人的性格如同倫敦多變的天氣，時而陰鬱，時而明媚。這個民族的深層特質蘊含著他們的命運，就像一本厚重的書籍，每一頁都訴說著複雜而迷人的故事。

英國人擁有著世界上最優秀的血統，他們的面容寬廣，臀部豐滿，象徵著他們深沉、廣博又沉穩的性格。他們就像一座深不可測的井，陽光難以觸及其底部，蘊藏著憤慨和憂鬱。然而，這口井中也泛起了溫柔與多情的漣漪，使他們成為一個矛盾而迷人的民族。

英國人的性格就像一幅精心編織的錦緞，既直率又緘默，既開放又含蓄。他們倔強的天性與易於教化的特質交織在一起，形成了獨特的民族性格。在這片土地上，你可以看到身為職員的紳士和身為戰士的貴族，伯爵與商人並肩而立，展現出英國社會的多元化。

大多數英國人或許看似平凡，但在這個民族中，也不乏聰明絕頂的佼佼者。他們對細節的執著近乎偏執，卻又能在關鍵時刻表現出寬宏大度，包容一切。這種矛盾的特質使他們能夠在命運的考驗中生存下來，並建立起強大的帝國。

英國人的體格粗壯，面無表情，彷彿一座沉默的山丘。然而，當情緒爆發時，他們卻能噴出照亮整個島嶼的火焰。這種能量曾經征服了許多地方，也塑造了他們的歷史。他們將美德隱藏在看似粗糙的外表之下，就像珍珠藏在蚌殼中一樣。

　　正是這種深沉而多變的民族性格，使英國人能夠在歷史的洪流中屹立不倒。他們就像那個怪模怪樣、毛茸茸的斯堪地那維亞人，能夠在困境中找到出路，完成看似不可能的任務。這就是英國人的魂魄，深邃而神祕，值得我們去探索和理解。

　　在這個世界上，有一類人總是以特立獨行的方式存在。他們是藝術家，是思想家，是創造者。他們的內心世界充滿矛盾與衝突，卻也正是這種矛盾造就了他們的偉大。

　　這些人外表粗獷，內心卻柔軟善良。他們言語委婉，行動卻總是雷厲風行。他們口頭推辭，實際上卻默默付出，從不期待任何回報。就像那位性格古怪的吝嗇鬼，外表醜陋可笑，內心卻對美有著極致的追求。他為英國藝術做出了重大貢獻，將陽光和藍天帶進了灰暗的畫廊，開創了油畫的新紀元。

　　然而，這些藝術家內心的矛盾卻也令人費解。他們渴望成功，卻又害怕自己的光芒掩蓋他人。他們會偷偷塗黑自己的傑作，只為不讓同行黯然失色。他們沉默寡言，偶爾的冒犯也源於對藝術的敬畏。正如亞里斯多德所言，偉人總是帶著與生俱來的憂鬱。

　　這種憂鬱與激情交織，造就了他們的獨特思維。他們不屑於阿諛奉承，寧願以直言不諱冒犯他人。每個人都堅持自己的見解，渴望標新立異。他們苦苦思索，只為創造出前所未有的作品。

英倫島上的深沉民族：探索英國人獨特的性格特質

這種嚴肅認真的態度，正是偉大心靈的象徵。他們的矛盾與掙扎，最終成就了藝術史上的不朽篇章。

英倫民族的獨特魅力：從性格到世界影響

英國人的英雄氣概確實別具一格，在世界舞臺上閃耀著獨特的光芒。他們不僅勇於挑戰命運，更擁有一套完整的理論作為支撐。這種精神展現在他們放棄安逸的物質生活，主動選擇艱難的道路，並為之奮鬥終生的決心上。英國人的這種特質為人類文明增添了新的色彩，也使他們在世界民族之林中占據了重要地位。

英國人性格的多樣性是他們的另一大特點。從粗獷到優雅，各種性格特徵在這個民族中都能找到。這種多樣性不僅沒有造成內部矛盾，反而成為他們強大的互補力量。英國人做事往往追求極致，但又能靈活轉換方向，以同樣的熱情嘗試新的方法。這種靈活性使他們在面對各種挑戰時都能遊刃有餘。

在與其他民族交往時，英國人展現出了驚人的智慧和影響力。他們不屑於使用他人的語言，而是用自己的語言影響他人。他們樂於贊助其他民族，但並不期待回報。他們有能力改變他人的信仰，卻不輕易被他人改變。他們同化其他民族，而不是被同化。這種獨特的交往方式使英國文化在全球範圍內得到了廣泛傳播。

英國人的統治哲學也十分獨特。他們並不執著於在所有殖民地推行統一的法律體系，而是根據不同地區的特點採用不同的法律。在加拿大，他們保留了古老的法國法律；在模里西斯，實行拿破崙法典；在西印度群島，採用西班牙議會的法令；在東印度，則遵循摩奴法規。這種

靈活的統治方式使英國能夠更好地管理其廣大的殖民地，也展現了英國人務實而聰明的民族特質。

整體而言，英國人的獨特性格和行事風格使他們在世界舞臺上扮演了舉足輕重的角色，也為人類文明的發展做出了重要貢獻。

英國人的性格如同一幅複雜的畫作，充滿了矛盾與和諧。他們在世界舞臺上扮演著多重角色，既是立法者，又是贊助人；既是導師，又是同盟者。這種多面性使他們在歷史長河中占據了獨特的地位，也塑造了他們獨特的世界觀。

英國人對自身在歷史中的重要性有著清楚的認知。他們的法律和制度在全球各地留下了深刻的印記，從直布羅陀到愛奧尼亞群島，英國的影響無處不在。這種自信有時會被誤解為傲慢，但實際上，這更像是一種根深蒂固的文化自覺。

與法國人相比，英國人的態度顯得更加從容。法國媒體對英國的批評往往充滿情緒，而英國人則表現得更加冷靜，甚至有些漠不關心。這種態度並非源於無知，而是來自一種深層的自信。

英國人的性格中存在著一些看似矛盾的特質。他們可能顯得固執、偏執，有時甚至像個不依不饒的討債鬼。但同時，他們又表現出獨立自主、勇敢無畏的一面。這種複雜性使得英國人在國際交往中既讓人感到棘手，又令人欽佩。

然而，教養和社交經驗逐漸磨平了英國人性格中的粗糙 edges，留下的是一種純粹的善意。這種善意或許不像其他民族那樣外露，但卻是真實存在的。英國人的憂鬱外表下，往往隱藏著一顆善良的心。

整體而言，英國人的性格就像他們國家的天氣：可能會有暴風驟雨，

但最終總會雨過天晴。這種獨特的民族特質，使得英國在世界舞臺上始終扮演著不可或缺的角色。

英倫之魂：堅韌與沉靜的民族性格

英國人的性格如同一座冰山，表面的平靜下蘊藏著深不可測的力量。初次接觸英國人的美國人常會誤解他們的沉默寡言為愚蠢，殊不知這份沉穩恰恰是他們深厚實力的展現。英國人身上似乎有一種特殊的「油脂」，使他們能夠在面對巨大工作量時依然保持從容不迫。

從牛頓這樣的科學天才，到多才多藝的詩人，再到像達格代爾、吉本等學者的驚人工作動力，英國人展現出的是一種無與倫比的耐力和專注。這種特質不分階級，從貴族到普通勞工，都能在工作中全身心投入，展現出令人驚嘆的毅力。

英國人的生活方式本身就是一種力量的證明。他們的日常開銷、學者們研究的廣度和深度，甚至是他們的飲食習慣，都反映出他們擁有一種近乎無窮的體力和精力。這種力量使他們能夠承擔巨大的生活重擔，同時在各個領域都有出色的表現。

英國社會的人才濟濟令人印象深刻。正如查理一世所言，紳士們處理國家大事的能力不僅不會讓君主感到羞愧，反而會讓他們感到敬畏。維爾男爵的例子更是生動地說明了英國人性格中的矛盾：他們在勝利時保持謙遜，在失敗時依然保持樂觀。

這種看似矛盾的特質，實際上正是英國人獨特魅力的所在。他們的沉默不是軟弱，而是內心力量的展現；他們的平靜不是愚鈍，而是深思熟慮的結果。正是這種深沉而堅韌的民族性格，使得英國在歷史長河中

始終保持著其獨特的地位和影響力。

英倫三島的人民，自古以來就以其獨特的性格聞名於世。從中世紀的《海姆斯克林拉》到現代社會，我們可以清晰地看到英國人性格特徵的延續與發展。那種內斂、沉穩又不失堅韌的氣質，彷彿是刻在他們骨子裡的烙印。

哈爾多的形象可謂是典型英國人的縮影。他不畏懼挑戰，處變不驚；言語簡練，直來直往；性格倔強，不輕易屈服。這些特質或許不討好於世，但卻是英國人面對困境時的致勝法寶。正如文中所言，英國人的情感如同深埋地底的火種，看似平靜無波，實則蘊含著巨大的能量。

這種特質在現代社會中依然鮮明可見。英國人的憤怒不似法國人那般激烈外露，而是緩慢累積、深沉內斂。他們有著驚人的耐心和毅力，即便面對最嚴峻的挑戰，也能保持冷靜與理性。這種特質使他們在歷史的洪流中屢屢化險為夷，始終保持著自己的文明與傳統。

若未來真的出現威脅英國文明的危機，我們有理由相信，這個民族會再次展現出非凡的適應力與創造力。他們會像祖先一樣，在浩瀚的海洋中尋找新的棲身之所，並在那裡重建他們的文明。這種堅韌不拔的精神，正是英國人最寶貴的遺產，也是他們面對未來挑戰的最強武器。

英國人的這種特質，不僅展現在個人身上，更是整個民族的集體意識。它潛移默化地影響著每一代英國人，塑造著這個國家的文化與命運。無論是面對內憂外患，還是迎接新時代的挑戰，這種深植於血脈中的民族精神，都將繼續引領著英國人前行。

英倫島上的深沉民族：探索英國人獨特的性格特質

英國人的自由與憂鬱：一個民族的永恆偏執

　　英國人的性格真是一個引人入勝的謎題。他們既保守又自由，既戀家又熱衷於干預世界事務。這種看似矛盾的特質，實際上反映了英國人獨特的國民性。

　　讓我們先談談英國人的自由觀。與法國人那種激進的自由不同，英國人的自由是建立在堅實的個體力量之上的。這種自由不是空中樓閣，而是扎根於現實的土壤中。正因為如此，英國人的自由顯得更加穩固可靠。

　　然而，自由並不意味著無憂無慮。相反，英國人以其獨特的憂鬱聞名於世。這種憂鬱甚至影響了英國的藝術，在繪畫史上曾出現過一個以「憂鬱」為主題的流派。羅塞蒂的畫作〈波瑟芬妮〉就是這個時期的代表作。

　　英國人的這種永恆偏執並非無足輕重。它深深地影響著英國的殖民地政策、貿易實踐、法律體系、藝術創作和文學作品。這種影響是如此深遠，以至於有時會讓人忽視了其根源。

　　在英國人的價值觀中，私生活被賦予特殊的地位。與法國人熱衷於榮譽、前程和雄心不同，英國人更注重個人的責任感。正如納爾遜在他簡潔有力的電報中所說：「英國希望大家都能盡職盡責。」這句話道出了英國人的核心價值觀。

　　整體而言，英國人的性格是一個複雜的組合：既保守又自由，既憂鬱又負責。這種獨特的國民性塑造了英國的歷史，也影響著當今世界。理解英國人，就是在理解一個充滿矛盾又和諧統一的民族。

英格蘭人的性格和價值觀如同一幅精心編織的地毯，其中交織著獨立自主、務實理性和對傳統的尊重。這種獨特的民族特質塑造了整個國家的面貌，從政治制度到日常生活，無處不見其影響。

大多數英國人對官場生活敬而遠之，視其為庸碌之輩的去處。相反，他們推崇那些在農業、煤礦、製造業或商業領域建立起來的經濟體系。這種偏好源於一個根深蒂固的信念：真正的獨立來自於透過創造實際價值而獲得的經濟自主。他們既不渴望發號施令，也不願俯首稱臣，而是追求自我主導的生活方式。

英國人的精神世界同樣豐富多彩。他們聰明睿智，熱愛文學，渴望獲取各種準確無誤的知識。雖然他們可能不是藝術的創造者，卻對藝術的優雅和精緻懷有由衷的敬意。這種對知識和美的追求，與他們務實的天性完美融合，形成了一種獨特的生活哲學。

然而，英國人的這種獨立自主的傾向並非一成不變。在漫長的歷史長河中，它經歷了諸多挑戰和變遷。殖民擴張帶來的巨大財富，以及隨之而來的腐敗和賄賂，都曾威脅到這個核心價值。但令人驚嘆的是，這種對個人獨立的執著不僅頑強地存活了下來，還逐漸滲透到了法律、文學、習俗和職業等社會的各個層面，成為塑造英國社會的關鍵力量。

英國人選擇了這種全民共享的福祉，因為他們深知只有這樣才能確保國家的穩固和持久。這種選擇反映了他們的智慧和遠見，就像精明的商人願意為穩定的低息而進行長期投資一樣。正是這種平衡感和長遠眼光，使得英國在動盪的世界舞臺上始終保持著獨特的魅力和影響力。

英倫島上的深沉民族：探索英國人獨特的性格特質

文學巨匠的靈感之源：從莎翁到彌爾頓的智慧結晶

在文學創作的長河中，我們常常能夠發現那些閃耀著智慧光芒的金句，它們如同璀璨的星辰，照亮了人類思想的夜空。這些來自不同時代、不同文化背景的作家們，用他們獨特的視角和文字魔力，為我們描繪出了豐富多彩的人生百態。

讓我們從莎士比亞這位不朽的文學巨匠開始。在《亨利四世》中，他用簡潔而有力的語言，道出了人性的深刻洞察。而在《奧賽羅》裡，那句「把心兒長在衣袖上，讓鳥兒們來啄食」的比喻，則生動地描繪出了一個赤誠坦蕩的靈魂。這樣的表達方式，不僅富有詩意，更是對人性脆弱與坦誠的深刻洞察。

穿越時空，我們來到了彌爾頓的《沉思的人》。這位英國文豪以他獨特的文學風格，為我們勾勒出一幅沉靜而深邃的畫面。在他的筆下，思考成為一種藝術，一種探索生命本質的方式。

有趣的是，在這些文學鉅作之外，我們還能看到一些別具一格的表達。比如那句法語「ils s'amusaient tristement, selon la coutume de leur pays」，意為「按他們國家的習俗，他們玩耍也是悶悶不樂的」。這句話不僅展現了語言的魅力，更反映出不同文化之間的差異和特色。

此外，我們還看到了一些科學和哲學領域的影子。史威登堡這位集科學家、神祕主義者和宗教哲學家於一身的奇人，以及古代鍊金術中使用的昇華鍋，都為我們開啟了一扇通往知識寶庫的大門。

這些跨越時空的智慧結晶，不僅豐富了我們的精神世界，更啟發我們以更開放、更深入的視角去觀察和理解這個世界。它們是人類智慧的結晶，也是我們探索生命意義的指路明燈。

英倫風情：個性與偏見的交織

英國這片土地，彷彿是個性與偏見交織而成的奇妙王國。她的子民以獨特的方式展現著自由與尊嚴，將個人權利視若珍寶，甚至不惜與公共秩序分庭抗禮。在這片幽默之鄉，每個英國人都像是一位不屈不撓的小國王，固執地捍衛著自己的一方天地。

財產權在英國人心中幾乎成了一種信仰。即便是國王，也不敢輕易踏足一位農民拒絕出售的土地。更令人驚奇的是，就算有人立遺囑將財產留給一隻狗或一座破房子，政府也無權干涉這種看似荒謬的決定。這種對個人意願的尊重，在英國社會中蔚然成風。

英國人的生活方式如同五彩繽紛的調色盤，每個人都在上面揮灑著屬於自己的獨特色彩。無論多麼異想天開的念頭，總能在這片土地上找到支持者。他們會不遺餘力地運用金錢或法律手段，讓這些奇思妙想得以延續。這種堅持，某種程度上反映了英國人骨子裡那份不屈不撓的精神。

然而，這種自由也有其陰暗面。一些財大氣粗之人將自由解讀為為所欲為的權力，甚至將作惡多端視為自由的展現。這種扭曲的自由觀念，成為他們固執己見的藉口。

英國的地理特性造就了其獨特的民族性格。狹小的國土促使國人更加團結，對祖國充滿了難以言喻的摯愛。這種愛國情懷，卻也滋生了對外國人的偏見。正如史維登堡所觀察到的，英國人傾向於與同胞結交，而很少與外國人打交道。他們看待外國人的眼光，宛如高高在上的貴族俯瞰平民。

這種優越感在英國人與法國人的對比中表現得尤為明顯。英國人似乎天生就帶著一種傲慢，認為自己的血統高人一等。甚至連柯勒律治這樣的文人，也以在演講中不使用法語單字為榮。

英國人的自豪感有時會達到令人啼笑皆非的程度。他們將他人的謙遜解讀為對英國優點的讚美，將新興國家的自我批評視為對英國優越性的認同。在英國人眼中，英國之外的世界似乎都是一片荒蕪。

這種獨特的民族性格，既是英國的驕傲，也是她的局限。它塑造了英國的輝煌，同時也為她帶來了不少爭議。無論如何，這片充滿矛盾與魅力的土地，永遠是世界文化版圖上一道獨特的風景線。

英倫之勢：從日不落帝國到世界舞臺的主角

大英帝國，這個曾經威震寰宇的超級強國，以其獨特的民族特性和歷史機遇，在世界舞臺上留下了不可磨滅的印記。從一個小小的島國發展成為橫跨五大洲的龐大帝國，英國人用他們的勇氣、智慧和堅韌，書寫了一部驚人的歷史篇章。

英國人的性格中蘊含著矛盾而又相輔相成的特質。他們既有大無畏的精神，能夠吃苦耐勞、開拓進取；又有一種小虛榮心，喜歡在他人面前展示自己的優點。這種獨特的性格組合，成為英國人征服世界的內在動力。他們不掩飾自己的缺陷，反而將其視為獨特之處，這種自信和坦率使他們在面對挑戰時能夠勇往直前。

然而，英國人的這種自信有時也會演變成狂妄自大。他們將自己的法律和習俗強加於他國，這種做法不僅引起了殖民地的反感，也為日後帝國的衰落埋下了隱患。美國獨立戰爭就是一個典型的例子，它不僅打

擊了英國的殖民統治，更重塑了英國的商業格局。

儘管如此，英國人的這種特質也為他們帶來了獨特的優勢。他們鼓勵坦率、英勇和剛毅的作風，每個人都努力展現最好的一面，不放過任何實現願望的機會。這種態度使得英國社會充滿活力和創新精神，為帝國的崛起提供了源源不斷的動力。

英國人的性格特徵也為我們提供了一種簡便的性格測試方法。面對困難時，脆弱的人容易被擊垮，而堅韌的人則能夠繼續前進。這種特質在政治舞臺上尤為明顯，一些政治家甚至能將自己的缺點轉化為優勢，贏得選民的支持。

整體而言，英國人的民族性格既是他們的優勢，也是他們的劣勢。它推動了大英帝國的崛起，同時也為帝國的衰落埋下了伏筆。然而，正是這種複雜而又充滿活力的性格，使得英國在後帝國時代仍然能夠在世界舞臺上扮演重要角色，繼續影響著全球政治、經濟和文化的發展。

英國人的性格特點總是令人著迷，他們既自信又謙遜，既傲慢又親和。這種獨特的氣質源於他們深厚的文化底蘊和長期的殖民統治歷史。

英國人的「吹牛」習慣實際上是一種自我表達的方式。這種看似狂妄的行為背後，往往隱藏著他們真實的想法和情感。有趣的是，這種自負並不會讓人感到不適，反而給人一種輕鬆愉快的氣氛。就像路易十六身上那種恰到好處的王者氣質，若是換作他人，可能就顯得荒唐可笑了。

英國人的姓名本身就帶有一種特殊的威望，這是法國人或比利時人所不具備的。在家庭社交場合，總會有人滔滔不絕地談論著，彷彿其他人都不存在一般。這種自命清高的態度在各個階層都能看到，從報紙編輯到政客詩人，從著名學者到普通學生，無一例外。

然而，這種自負並非毫無底線。英國人的教養使他們避免陷入可笑

英倫風情：個性與偏見的交織

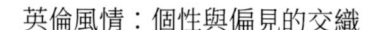

的自滿。他們對待外國人雖然缺乏好奇心，但並非完全無知。事實上，他們在許多方面都願意向其他國家學習，尤其是在貿易、工業和教育等領域。

英國人對自己的殖民地採取強硬態度，這反映了他們複雜的愛國主義情結。他們用手腕和實力統治殖民地，公正有餘卻仁慈不足。這種狹隘的愛國主義雖然有其代價，但也正是塑造英國特色的重要因素之一。

整體而言，英國人的性格是一個充滿矛盾又和諧的綜合體，既令人欽佩又令人費解，這正是英倫紳士獨特魅力的所在。

民族特性的迷思與個人價值的普世性

在這個世界上，每個地方都渴望擁有獨特的象徵，以彰顯自身的存在。然而，我們不應過分誇大這些特色的重要性。事實上，個人的獨特性往往比民族特性更為重要。在知識的領域中，不存在將不同國家的智慧隔絕開來的界限。那些真正偉大的思想家和文學家，如伊索、蒙田、塞萬提斯和薩迪，他們的智慧超越了國界，成為全人類共同的財富。

然而，當我們過分自傲時，命運總會給我們一個教訓。歷史上充滿了這樣的例子，提醒我們不要陷入狹隘的民族自豪感中。讓我們看看卡帕多奇亞的喬治的故事。這個出身卑微的人透過不正當手段獲得了財富和地位，甚至成為亞歷山大的主教。儘管他最終因自己的惡行受到了懲罰，但諷刺的是，他後來竟然被塑造成了英國的聖徒喬治，成為騎士精神和文明的象徵。

這個故事告訴我們，我們應該謹慎對待所謂的民族英雄和符號。它們往往被誇大、美化，甚至完全扭曲了歷史真相。相反，我們應該意識

到每個個體的價值，以及人類共同的智慧遺產。真正偉大的思想和文化是不分國界的，它們屬於全人類。

因此，我們應該超越狹隘的民族主義，擁抱更加開放和包容的世界觀。我們應該欣賞每個個體的獨特性，同時也要意識到人類共同的價值。只有這樣，我們才能真正理解和欣賞世界的多樣性，並在這個日益緊密相連的世界中找到自己的位置。

天下之大，無奇不有。英國人素來以直言不諱著稱，卻偏偏為一個騙子歌功頌德。這種看似矛盾的現象，恰恰反映了英國人性格中複雜而迷人的一面。

且看那位名叫亞美利哥·維斯普奇的塞維利亞泡菜販子，憑藉一系列誇大其詞的謊言，竟然成功地用自己的名字命名了半個地球。這個騙局之所以能夠得逞，或許正是因為人們對於新事物、新世界的無限想像和渴望。維斯普奇不過是順應了這種渴望，用他那虛假卻富有想像力的故事，滿足了人們對未知世界的好奇心。

然而，我們不能簡單地將英國人對騙子的寬容視為對謊言的認可。相反，這種態度恰恰展現了英國人的幽默感和對人性的深刻理解。正如愛默生先生引用卡萊爾博士的話所說：「英格蘭的幽默家比任何國家都多，因為長期以來那裡的人們享受自由，生活富足，而我認為自由和財富就是幽默家誕生的溫床。」

這種幽默感不僅展現在對騙子的寬容上，更展現在英國人的日常生活中。他們能夠以輕鬆幽默的態度面對生活中的各種荒誕和矛盾，並從中找到樂趣。這種能力源於他們長期享有的自由和相對富足的生活，使他們有餘裕去觀察、思考並嘲諷生活中的種種不合理現象。

英國人的直言不諱和幽默感看似矛盾，實則相輔相成。他們可以

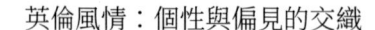

毫不掩飾地表達自己的觀點，同時又能用幽默的方式化解可能產生的衝突。這種特質使得英國社會既保持了一定的秩序，又不失活力和創造力。

英國民主改革的艱難歷程

19 世紀的英國正經歷著一場深刻的社會變革。儘管英國人常自詡為自由的避難所，媒體是歐洲的共同心聲，但現實卻遠非如此美好。1832 年《改革法案》的頒布並未能真正改善底層民眾的生活狀況，反而激發了更強烈的民主訴求。

1839 年爆發的「憲章運動」正是這種矛盾的集中展現。憲章運動提出了六項核心要求，涵蓋了選舉權的擴大、無記名投票等多個方面。這些訴求代表了工人階級對於政治權利的渴望，也反映出當時英國社會的深層矛盾。

然而，政府對這場運動的態度卻極為強硬。遊行隊伍被軍隊驅散，運動領袖遭到逮捕或流放。這種鎮壓手段引發了更大規模的抗議，使得社會矛盾進一步激化。

這一系列事件不僅反映了英國社會的深層矛盾，也展示了歐洲各國之間在民主改革浪潮中的相互影響。英國的憲章運動雖然未能立即實現其全部訴求，但它為後續的民主改革奠定了重要基礎，推動了英國政治制度的逐步完善。

新世界的探索者：
亞美利哥・維斯普奇的航海傳奇

在航海探險的黃金時代，有許多冒險家的名字被歷史銘記，其中亞美利哥・維斯普奇無疑是最引人注目的人物之一。儘管他的聲譽曾經飽受爭議，但時間和研究已經為我們揭示了一個更加真實的維斯普奇形象。

維斯普奇的航海經歷雖然不如哥倫布那般廣為人知，但卻同樣具有重要意義。他確實參與了至少一到兩次遠達南美的探險航行，這些經歷為他贏得了相當的聲譽。有趣的是，雖然有人質疑他在 1497 年參加「新世界」航行的說法可能有誇大之嫌，但這並不能抹殺他對地理發現的貢獻。

事實上，維斯普奇並非想要搶奪哥倫布的功勞。據《美國百科全書》的一位編者指出，歷史證據表明維斯普奇並沒有意圖從哥倫布那裡奪取發現新大陸的榮耀。這個觀點為我們理解維斯普奇的為人和動機提供了重要的視角。

維斯普奇的航海日誌和書信為後世留下了寶貴的資料，描繪了新大陸的地理、動植物和原住民文化。他的觀察細緻入微，不僅豐富了歐洲人對新世界的認知，也為後來的探險家們提供了重要的參考。

值得一提的是，維斯普奇的名字最終成為美洲大陸的名稱，這既是對他貢獻的認可，也是歷史的一個有趣巧合。儘管這個命名引發了一些爭議，但它無疑使維斯普奇在地理發現史上占據了獨特的地位。

整體而言，亞美利哥・維斯普奇的故事提醒我們，歷史常常是複雜

英倫風情：個性與偏見的交織

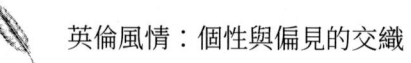

而多面的。在評價歷史人物時，我們需要謹慎地權衡各種證據，避免簡單化的判斷。維斯普奇的經歷不僅豐富了我們對航海時代的理解，也為我們思考名譽、功績和歷史公正提供了一個有趣的案例。

英國人與財富：一種獨特的崇拜文化

在這個世界上，很少有國家能像英國那樣對物質財富懷有如此深厚的崇拜之情。與美國人因擁有巨額財富而感到羞愧甚至懺悔不同，英國人對自己的財富感到無比自豪，並將其視為一種決定性的成就證明。

在當今社會，英國人可以說是享有最優越社交地位的國民。他們宛如身著便裝的國王，時刻受到強而有力的保護。他們結識最優秀的朋友，接受最上乘的教育，並以財富作為堅實的後盾。英語名字及其所帶來的光環，為他們在社交場合中開闢了一條康莊大道。

英國人的思維中充斥著一種世俗的邏輯：既然擁有財富，為何不用華麗的衣飾和豪華的座駕來彰顯呢？在他們看來，沒有足夠的酒水儲備，又怎能稱得上是一位真正的紳士呢？正如海登所言，英國人普遍認為，一個人應該根據自己的財富來決定生活方式。

這種對財富的崇拜甚至帶有宗教色彩。英國人遵循猶太教法則，高聲讚頌：他們將與這片土地共存，在這片土地上繁衍後代、放牧牲畜、過上豐衣足食的生活。與此同時，他們也以同樣的態度譴責貧窮，只願意由富人來代表他們的利益。

在英國社會中，「乞丐」被視為最具侮辱性的詞彙。納爾遜曾說過：「貧窮是我難以寬恕的罪過。」西德尼・史密斯也表示：「在英國，貧窮就意味著聲名狼藉。」這種觀念深深根植於英國文化之中，不僅展現在文學作品和愛情故事中，還滲透到傳記、公共集會、宗教布道甚至日常談話中。

英國人與財富：一種獨特的崇拜文化

整體而言，英國人對財富的態度反映了他們獨特的文化價值觀，這種觀念塑造了他們的社會結構和個人行為，使英國在世界舞臺上呈現出一種特殊的財富崇拜文化。

英國社會的階級鴻溝：牛津大學與工人階級的命運

在翻閱伍德的《牛津大學的雅典》時，我不禁陷入了對英國社會階級制度的深思。這本書不僅記錄了牛津大學 200 年來的學者編年史，更無意中揭示了英國社會長期存在的兩大恥辱：對教會和國家的不忠，以及出身貧寒或家道中落。

這種殘酷的社會現實似乎已經深深地嵌入了英國的文化基因。馬爾薩斯的人口理論更是將這種不平等合理化，彷彿大自然的餐桌上本就沒有為勞動者的孩子預留位置。西元 1809 年，英國議會多數派透過富勒先生之口表達了他們的冷酷立場：「不喜歡這個國家，那就該死地離開。」這種態度充分展現了統治階級對底層民眾的漠視。

更令人震驚的是，當 S. 羅米利爵士試圖透過立法保護兒童免受剝削時，卻遭到了皮爾的反對。沃特利先生的言論更是赤裸裸地暴露了統治階級的真實想法：他們認為，對於下層階級而言，家庭感情反而是一種負擔，最好讓他們遠離可能導致「墮落」的群體。這種觀點不僅冷血，更是將人性中最基本的情感需求剝奪殆盡。

英國雖然率先進入了現代工業社會，但隨之而來的是巨大的貧富懸殊。西元 1840 年代的畫作生動地描繪了這個社會現實，揭示了工業革命背後的陰暗面。然而，令人唏噓的是，英國社會將貧窮視為一種人格汙

點,彷彿經濟困境是個人品德缺陷的必然結果。

這種思維方式不僅加深了社會分裂,更為後來的階級固化埋下了伏筆。牛津大學這樣的菁英學府,在某種程度上成為維持這種社會結構的堡壘,而非打破階級界限的橋梁。

英國人對待財富的態度,不僅展現了他們對物質的追求,更反映了他們深層的文化價值觀。在這片曾經統治大半個地球的土地上,財富不僅僅是數字,更是一種責任,一種美德,甚至可以說是一種藝術。

英國人崇尚獨立自主,他們相信每個人都應該為自己的處境負責。這種觀念根植於他們的文化之中,形成了一種獨特的社會氛圍。在英國,一個人的財富狀況往往與他的品格緊密相連。償還債務不僅是經濟行為,更是維護個人和民族榮譽的重要方式。

從政府到個人,英國社會的各個層面都強調償付能力的重要性。即便在面臨巨額債務的情況下,英國仍然保持著良好的社會信譽。這種信譽不僅來自於他們的經濟實力,更源於他們對責任的認真態度。

英國人的理財哲學可以用一句話來概括:「稅收的輕重不在於收走多少,而在於剩下多少。」這種思維方式使他們在面對財務問題時更加理性和務實。他們不會為了一時的奢華而忽視長遠的財務健康,即便是在建設像水晶宮這樣的宏偉工程時,也會首先考慮償還債務和自給自足。

在日常生活中,英國人表現出極大的克制和節制。他們不會因為暫時的經濟困難而感到羞恥,反而會坦然接受現實,調整自己的生活方式。這種態度展現在他們的消費習慣上:寧可選擇較低等級的交通工具,也不會超出自己的經濟能力。

英國人的理財智慧不僅限於個人層面,也延伸到家庭生活中。他們提倡量入為出,合理安排開支,這種生活方式使他們能夠真正掌控自己

英國人與財富：一種獨特的崇拜文化

的命運，成為自由的人。正如伯利勛爵所言，一個人應該將大部分收入用於必要開支，同時為意外支出預留餘地。這種謹慎而明智的理財態度，正是英國人財富觀的精髓所在。

機器時代的英國：工業革命的輝煌與陰影

英國的工業革命如同一場席捲全國的風暴，徹底改變了這片土地上的生產方式和社會結構。這場變革的核心動力來自於人們對創造價值的強烈慾望，這種慾望激發了無窮的創造力和才能。在這個時代，政府彷彿變成一家巨大的製造公司，而每個家庭都成為它的加工廠。

「天生我才必有用」的社會氛圍鼓勵每個人發揮自己的才能，甚至連蜘蛛都被寄望能編織出絲襪。英國人的勤奮程度遠超其他歐洲國家，他們的工作效率之高，使一個英國人的一生勞動量堪比三個歐洲人。這種高效率的背後，是快節奏的生活方式和不斷湧現的技術創新。

西元 1764 年發明的珍妮紡紗機堪稱是這個時代的象徵，它不僅徹底改變了紡織業，還為許多企業家編織了財富之網。然而，每一項技術進步都伴隨著社會變革的陣痛。蒸汽機車的出現大大提高了運輸效率，但同時也導致大量紡織工人失業。這種創造與破壞並存的現象貫穿了整個工業革命時期。

在短短一百年間，英國社會發生了翻天覆地的變化。從手工鋸木到蒸汽驅動的壓力泵，從馬拉車輪到動力織布機，技術進步的速度令人目不暇接。羅伯特·皮爾爵士的故事正是這個時代的縮影，他的財富來源正是那些革命性的發明。

然而，工業革命也帶來了新的社會問題。工人罷工、產業轉移的威

脅促使企業家們尋求更加「聽話」的勞動力。羅伯茲發明的自動環錠精紡機就是這種思路的產物，它被視為「重建產業階級社會秩序」的工具，卻也導致更多工人失業。

儘管如此，工業革命為英國帶來了空前的繁榮。據估計，英國工廠機器的生產力相當於 6 億人的勞動力，而一個人藉助蒸汽機可以完成 50 年前 250 人的工作量。這種生產力的飛躍，再加上英國原有的自然資源和商貿傳統，使得英國在短短幾十年間累積了驚人的財富。

然而，在這片繁榮的背後，我們不禁要問：技術進步帶來的社會變革，究竟是福是禍？這個問題，或許需要更長的時間才能得到答案。

在這個日新月異的時代，蒸汽機和銀行這兩股強大的力量正在重塑英國的面貌。蒸汽機以其無與倫比的精確度和效率，將工業生產推向了前所未有的高度。從微小的鑿子到巨大的挖土機，從火車到電報，蒸汽動力賦予這些機器生命，使它們能夠完成人力所不能及的壯舉。

然而，比蒸汽機更具影響力的，是銀行這臺無形的機器。它掌握著社會的經濟命脈，能夠決定一個國家的興衰。當銀行慷慨放貸時，城市繁榮，人口成長；當它收緊銀根時，移民潮湧現，商業蕭條，甚至可能引發政治動盪。

這兩股力量的結合，徹底改變了戰爭和商業的本質。國家的權力不再是絕對的，愛國主義的紐帶也逐漸鬆動。取而代之的是一個更加流動和開放的社會，人們可以自由選擇生活方式和所遵循的法則。

在這個新時代，工程師和銀行家成為社會的主導力量。他們創造的財富遠超過傳統貴族。蒸汽機的每一次活塞運動都在為土地增值、為資本增殖，創造出全新的機遇和生活方式。

這種變革也重新定義了社會階層。新興的工廠主階級正在挑戰傳統

英國人與財富：一種獨特的崇拜文化

地主的地位，他們購買城堡，進入議會，將工業革命的力量帶入政治和社會的最高層。就連神話中的雷神索爾，似乎也適應了這個新時代，剃掉鬍鬚，成為一名精明的商人。

在這場巨變中，倫敦成為世界的金融中心，主宰著全球的物價。財富的累積達到了前所未有的程度，造就了一批年收入達到百萬美元的富豪。這些財富不僅帶來了奢華的生活，還推動了科學、藝術和建築的發展，使英國成為世界上最富庶、最先進的國家之一。

英國的財富崇拜：一個獨特的社會現象

在這片富庶的土地上，財富不僅僅是一個數字，更是一種信仰，一種生活方式。英國上層社會的日常生活彷彿一場永不落幕的盛大宴會，豪華城堡和時尚別墅成為這場宴會的舞臺。每天，這些富麗堂皇的場所都會迎來衣著光鮮的貴族們，他們在此交流、炫耀，用自己的財富和地位編織著一張錯綜複雜的社交網路。

在英國，財產權已經被推崇到了一個近乎神聖的地位。這種對財富的崇拜不僅展現在日常生活中，更深深地烙印在了這個國家的法律和社會制度之中。法律的制定似乎有一個最高原則：盡可能地保護私有財產。這種保護是如此徹底，以至於即便是國王，也不能隨意踏入一個普通公民的私人住宅。

銀行在這個財富崇拜的社會中扮演著特殊的角色。它們不再僅僅是金融機構，而是變成連國王都無法觸及的神聖堡壘。這種絕對的安全感進一步強化了人們對財富的信心和追求。

在英國，所有權帶來的利益被發揮到了極致。無論是高貴的公爵還

是普通的小業主，只要擁有財產，就能享受到同等的法律保護。高牆和緊閉的大門不僅是財富的象徵，更是個人意志的展現。它們無聲地宣告著：在這裡，主人就是絕對的統治者。

這種對財富的極度重視甚至改變了人們的思維方式。在某些行業中，只有最精明、最機智的人才能生存下來。任何不切實際的幻想或自負都會被無情地摒棄，取而代之的是對實際利益的冷靜計算。

在這個以財富為中心的社會裡，每一分錢似乎都被賦予特殊的意義。它們不再只是冰冷的金屬，而是變成個人價值和社會地位的直接展現。這種獨特的社會現象，塑造了英國獨特的國民性格，也為這個國家的發展提供了強大的動力。

英國人對自由的追求，往往以令人驚訝的方式呈現。從女王與平民之間的土地爭端，到貴族們對建築的奇思妙想，無不展現了這個民族對自由的獨特詮釋。這種看似荒唐的行為，實則反映了他們對個人權利的堅持和對自由的珍視。

讓我們回顧那位不願讓女王占據一寸土地的英國人。他築起堅不可摧的水泥城牆，彷彿在向全世界宣告：「這是我的地盤，誰也不能侵犯。」這種固執看似可笑，卻是對個人財產權的極致捍衛。

再看那些貴族們的奇特建築。愛德華・博因頓爵士的無窗穀倉、霍勒斯・沃波爾的草莓山、貝克福德先生的芳特希爾寺，甚至拜倫勛爵改造的紐斯特德修道院，都是他們自由意志的展現。這些建築或許不合常理，卻是他們個性與創造力的完美呈現。

然而，最令人驚嘆的是，這種對自由的執著竟然演變成一種優雅而精確的權力。今日的英國人，特別是上層階級，享有無與倫比的社交地位。他們彷彿穿著便服的國王，擁有強大的保護、最好的朋友圈、頂級

的教育，以及雄厚的財力支持。

英國人的名字本身就帶有一種光環，為他們鋪平了社交之路。他們舉止優雅，行動自如，擁有一種超越常人的權力。無論是在旅遊、社交、科學研究還是日常生活中，英國上層紳士的生活方式都顯得特別吸引人。

從最初的固執己見到後來的優雅自持，英國人對自由的追求經歷了奇妙的演變。這種演變不僅展現了個人權利的重要性，更展現了一個民族如何將自由轉化為一種優雅而強大的生活方式。

英國的雙刃劍：工業化的繁榮與隱憂

英國作為工業革命的發源地，其繁榮與強盛無疑是舉世矚目的。這個島國似乎天生就擁有無窮的創造力和財富，彷彿在地球的心臟深處扎根，汲取著無盡的養分。不列顛人的傑出不僅展現在個別天才身上，更是整個民族的集體智慧的結晶。他們擁有過剩的精力和權力，這些都是推動國家前進的強大動力。

然而，繁榮的背後卻隱藏著深刻的隱憂。工業化的進程如同一把雙刃劍，既為英國帶來了空前的財富，也悄然改變著社會的結構和人們的生活方式。曾經強壯的撒克遜農夫被束縛在工廠裡，成為重複單一動作的機器附庸。他們的才能被壓縮，智慧被限制，生命的豐富性在生產線上逐漸消逝。

更為嚴重的是，追求利潤最大化的貿易邏輯開始侵蝕社會的誠信基礎。食品、藥品、日用品的品質每況愈下，真實與虛假的界限變得模糊。這不僅僅是誠實的缺失，更是整個社會價值觀的扭曲。機器的反作

用力不僅展現在物質層面,更深入到了精神層面。

面對這樣的困境,英國社會開始意識到,最好的政治經濟學應該關注人的全面發展。在危機中倖存下來的,往往是那些具有適應能力、能夠做出新選擇的人才。這也許暗示著,真正的財富不僅僅是物質的堆積,更在於人的潛能的充分發揮。

英國的經驗為我們提供了深刻的啟示:技術進步固然重要,但如何在發展中保持人性的完整性,如何在追求效率的同時不忘記人的價值,才是一個國家真正的智慧所在。

工業革命如同一頭難以馴服的猛獸,它帶來了令人眼花撩亂的財富,卻也在英國大地上掀起了驚天動地的失業浪潮。那些被機器無情取代的工人們,只能以遊行示威的方式為自己爭取僅存的一絲生存權利。然而,這場革命所帶來的變革遠非人力所能掌控。

蒸汽機就像一個不受拘束的精靈,從誕生之初便發出刺耳的警告聲。它的轟鳴聲不僅僅是機器運轉的聲音,更像是對人類的挑戰與威脅。無數工程師和司爐工在試圖馴服這個鋼鐵怪物的過程中付出了慘重的代價,有些甚至葬身於機器的轟鳴之中。

然而,比起馴服機器,駕馭那條名為「金錢」的紙翼金龍更是難上加難。大臣們、商務部官員、皮特、皮爾、羅賓遜等政要們自以為在為國家創造財富,卻不知他們的決策正將國家推向深淵。他們為某些災難性的權宜之計沾沾自喜,殊不知國家的財富已被蠶食鯨吞。

在這個迷霧重重的時代,幾乎沒有人能夠準確預測商業危機的來臨,理解價格波動的原因,或者意識到紙幣泛濫的危害。諷刺的是,正當國家看似處於鼎盛時期,船隻、倉庫和城鎮如雨後春筍般建立,金銀如流水般湧入,大臣和金融家們還在竊笑之際,麵包的價格卻已經飆升

英國人與財富：一種獨特的崇拜文化

到了饑荒時期的天價。

　　這場經濟風暴無情地席捲了每一個階層。自耕農被迫變賣他們賴以生存的一切，包括奶牛、豬、農具，甚至是世代相傳的土地。貧民救濟稅這個可怕的晴雨表已經瀕臨崩潰，它吞噬了原本有能力償付的階級，迫使農夫和技工背井離鄉，四處流浪。

　　殘酷的金融危機和虛偽的立法暴政，如同一把無情的鐮刀，收割著無數平凡人的幸福與希望。在這個充滿矛盾的時代，繁榮與衰敗並存，財富與貧困相伴，工業革命既是天使也是魔鬼，為英國帶來了前所未有的變革，卻也埋下了無數人間悲劇的種子。

英格蘭的繁榮與困境：一個時代的矛盾

　　在 19 世紀的英格蘭，我們見證了一個令人矛盾的時代。這個國家因其在工業革命中的領先地位而累積了巨大的財富，但同時也面臨著嚴重的社會問題。英格蘭的繁榮與貧困並存，形成了一幅複雜而令人深思的畫面。

　　讓我們首先看看這個國家的富裕面。英國確實累積了大量的財富，但問題在於如何明智地使用這些資源。有些人試圖透過建立學校、圖書館和其他公共機構來彌補社會的不平等。然而，這些努力似乎遠遠不夠。英格蘭陷入了一種奇怪的困境：她擁有巨大的財富，卻無法有效地管理它。

　　這種困境導致嚴重的社會問題。我們看到了貧富懸殊的極端情況：一邊是奢華的貴族宮殿，另一邊則是倫敦工人家庭的貧困生活。這種巨大的差距不僅僅是經濟上的，更是道德和精神上的。

英格蘭似乎陷入了一種「消費至上」的文化中。財富和物質成為衡量成功的主要標準，而智慧和高尚的品格卻被忽視了。這種價值觀的扭曲對年輕一代產生了深遠的影響。我們不禁要問：在這樣一個重視物質的社會中，誰還會向年輕人推崇清貧和智慧的美德呢？

更令人擔憂的是，這種物質主義文化似乎正在扼殺藝術和文學。正如畫家海登悲哀地指出的那樣，在英格蘭，擁有藝術天賦反而成了一種詛咒。這反映了社會對藝術和精神追求的忽視。

然而，在這片陰霾中，我們仍能看到一些希望的光芒。愛默生先生對街頭貧困兒童的同情，反映了一些人仍然保持著人性的溫暖。這提醒我們，即使在最黑暗的時期，人性的光輝依然存在。

英格蘭的這種矛盾狀態給我們留下了深刻的思考：如何在追求物質繁榮的同時，不忘記精神和道德的重要性？這個問題不僅對 19 世紀的英格蘭重要，對今天的我們同樣具有啟示意義。

在這個充滿矛盾和挑戰的世界中，我們常常在追求財富和智慧之間左右為難。古今中外的智者們都曾對這個永恆的話題提出過自己的見解。培根在《論開銷》中建議，想要達到收支平衡的人應將日常開銷控制在收入的一半，而追求致富的人則應將開銷控制在收入的三分之一。這種謹慎理財的態度，無疑是通往財富自由之路的重要一步。

然而，生活並非只有財富這個面向。北歐神話中的狼人芬里爾被眾神用特製的細鏈子綁在「死人國」，儘管他不斷磨損鎖鏈，卻始終無法掙脫。這個故事似乎在提醒我們，即使擁有強大的力量，也可能被某些無形的枷鎖所束縛。與此相對的是雷神索爾的三大法寶：象徵雷電的神錘、能夠增強力量的寶帶，以及用來投擲神錘的鐵手套。這些神器不僅賦予索爾強大的力量，更代表了智慧、力量與技能的完美結合。

英國人與財富：一種獨特的崇拜文化

　　在現實生活中，我們同樣需要尋找這種平衡。卡萊爾在西元 1839 年的一封信中描述了英國勞動階層的困境，反映了單純追求物質財富可能帶來的社會問題。而愛默生對英國在印度統治的記述則展示了一種更為明智的方法：透過教育、基礎設施建設和法律制度的傳播，為被統治者創造自主管理的條件。

　　這種智慧的統治方式不僅展現在殖民地管理上，也適用於個人生活。正如培根所言，我們需要謹慎理財；但同時，我們也要像索爾一樣，努力培養自己的智慧和能力，以應對生活中的各種挑戰。只有在追求財富和培養智慧之間找到平衡，我們才能真正實現人生的價值，避免落入如芬里爾般被困的境地。

英國貴族的光輝與衰退：
一個時代的縮影

在英國的歷史長河中，貴族階層如同一座燦爛的大教堂，矗立在社會的制高點。它不僅是權力和財富的象徵，更是一種生活方式和價值觀的展現。英國貴族的獨特之處在於其白手起家的本質，這與東方世襲制貴族形成鮮明對比。這種開放性使得英國的貴族政治充滿活力和創新。

誠信和禮貌，猶如貴族精神的兩大支柱。誠信是社會和諧的基石，如同教堂的地基，穩固而深厚。禮貌則是社交場合的潤滑劑，如同教堂中的祈禱儀式，將人們連繫在一起。這些特質不僅塑造了貴族的形象，也影響了整個英國社會的風貌。

然而，隨著時代的變遷，貴族制度正面臨著前所未有的挑戰。民主潮流的湧動，日益突顯權力和財富的不平衡。那些曾經輝煌一時的宮殿、莊園和別墅，如今有些已成為美麗的廢墟。長子繼承制度，這個維繫貴族財產的重要法則，也開始受到質疑。

儘管如此，英國貴族文化的魅力依舊存在。它們是歷史的見證者，承載著英國人的神話和詩歌。對於今天的旅行者來說，參觀這些古老的莊園不僅是一次視覺盛宴，更是一次穿越時空的文化之旅。在這些建築中，我們可以感受到貴族階層曾經的輝煌，以及他們對英國社會的深遠影響。

如今，英國貴族制度正處於轉型期，它面臨如何在保持傳統的同時適應現代社會的挑戰。無論未來如何，這段歷史都將成為英國文化中不

可或缺的一部分，繼續影響著後人的思想和行為。

在英格蘭這片古老而神祕的土地上，社會結構與民眾心理形成了一幅獨特的畫卷。貴族制度如同一座巍峨的城堡，矗立在英國社會的中心，而忠孝之心則是潤滑這座城堡運轉的精華油脂。

貴族們的財富、聲望和舉止宛如一面閃耀的鏡子，映照出大眾內心深處的嚮往。儘管有時會有一些不堪入目的汙點——背信棄義、偷盜猖獗，甚至是朝廷的荒淫無度——但這些瑕疵似乎總能被一種奇妙的魔力所掩蓋。

當我們翻閱歷史書籍，讀到查理王和他的保皇黨「重新掌權」的篇章時，即便理智告訴我們這位國王可能是個暴君，他的追隨者們或許是一群無惡不作的盜賊，我們的心中卻仍不自覺地對他們懷有一絲偏袒之情。這種矛盾的心理，恰恰反映了英國大眾的普遍情感。

對於一個穩固政權的渴望，彷彿是刻在英國人骨子裡的基因。這種渴望將他們與美麗的紋章、歐洲悠久的文字記載和歷史傳說緊密相連，甚至將他們與希伯來宗教和世界上最古老的傳統連繫在一起。這種深層的連繫是如此強大，以至於幾個偶發的衝突事件或街頭巷尾的政治喧囂（比如鞋匠和小販們的閒談）都無法動搖。

在這片土地上，平民的希望與貴族的利益彷彿被一條無形的繩索緊緊綁在一起。每一個白手起家的富翁都渴望購置土地，希望藉此提升自己的社會地位，躋身他們夢寐以求的貴族階層。而英國國教的神職人員則與貴族階層融為一體，時間和法律的洗禮使他們的結合天衣無縫，近乎完美。

教堂的鐘聲、大學的學問、音樂的旋律以及民間的傳說，都在共同維護著這幅由紋章編織而成的社會圖景。然而，我們也不得不承認，當

時的主流政治正如潮水般一步步侵蝕著這幅圖景的邊緣，默默地改變著英國社會的面貌。

英倫貴族：從海盜到紳士的變遷

在這片被大西洋環抱的綠色島國，一個保守而自豪的民族用他們獨特的方式書寫著歷史。英格蘭，這個以城堡、語言和騎士精神為傲的國度，孕育出了一個獨特的貴族階層。

從挪威海盜的後裔開始，英國貴族的起源可謂相當粗獷。這些曾經在海上肆意掠奪的野蠻人，經過洗禮後搖身一變成為諾曼貴族。他們將財富傳給長子，延續著維京人時代的傳統。然而，英國貴族階層的獨特之處在於它的開放性。這個階層不是與生俱來的特權，而是一個需要透過勇氣和能力才能進入的高門檻俱樂部。

隨著時代的變遷，獲取特權的方式也在不斷演變。從最初的海盜行徑和戰爭，到後來的商業、政治和文學；從軍事貴族到法律貴族，再到商人和企業主。這種變遷展現了英國社會的進步和適應能力。然而，無論形式如何改變，貴族階層的根本仍然建立在個人的優越性之上。

英國人以其聰明才智和勇氣開創了這個階層的基礎。他們經常為榮譽而挑戰，甚至不惜冒著生命危險。正如威爾斯首領貝內格里德所說：「誰能當橋，誰就當頭。」這種精神貫穿了整個英國貴族階層的發展史。

中世紀的英國人透過果敢和忠誠來美化自身。國王稱讚沃里・博尚伯爵為「禮儀之父」，認為沒有一位信奉基督教的國王能有騎士那樣的智慧、素養和果敢。這種讚美不僅展現了貴族階層的價值觀，也反映了整個社會對貴族的期待和認可。

英國貴族的光輝與衰退：一個時代的縮影

　　英國貴族的歷史是一部從海盜到紳士的變遷史。它展示了一個階層如何透過不斷適應和進化，在保持特權的同時也為社會做出貢獻。這種獨特的貴族傳統，成為英國社會的重要組成部分，影響深遠。

　　在英格蘭的歷史長河中，騎士精神始終是一個饒有趣味的話題。從最初的戰場英雄到後來的貴族階層，騎士的角色和地位經歷了巨大的變遷。儘管貴族們已擁有大量的土地和財富，但他們仍然渴望透過智慧和勇氣來證明自己的價值。

　　在早期，成為一名騎士不僅需要貴族出身，還需要接受嚴格的戰爭訓練。即使在和平時期，他們也要面對決鬥的風險，這使得他們的生活充滿了刺激和危險。這些軍閥貴族被視為孤注一擲的賭徒，他們的存在引起了社會的嫉妒和好奇。

　　然而，隨著時代的變遷，騎士的角色也在不斷演變。大莊園的經營成為一項重要的任務，需要智慧和管理才能。以沃維克家族為例，他們的繼承人不僅要繼承爵位，還要負責管理龐大的家族產業。

　　新時代帶來了新的挑戰和機遇。海盜的美德逐漸被殖民者、商人、議員和學者的美德所取代。禮讓、友善和文雅成為新時代貴族們需要具備的特質。這種轉變反映了社會價值觀的變化，也預示著英國即將迎來一個新的時代。

　　一個有趣的軼事講述了貝德福公爵家族財富的來源。據說，他的祖先因一次海難而結識了一位外國王子，後來被引薦給了亨利八世。國王對他青睞有加，甚至將大量教會土地賜予他作為戰利品。這個故事雖然細節可能有所出入，但卻反映了當時社會階層流動的可能性，以及權力和財富分配的方式。

　　整體而言，英國騎士精神的演變反映了整個社會的變遷。從戰場英

雄到精明的莊園管理者，再到具有文化修養的新貴族，這個轉變過程展現了英國社會的進步和發展。

家族的傳承：
英國貴族的鄉村生活與社會變遷

英國貴族的起源與傳承一直是個引人入勝的話題。雖然有傳說稱貴族都是諾曼人的直系後裔，但事實遠比這個說法複雜得多。許多貴族家族的根源其實可以追溯到普通的律師、農夫或商人。他們透過運氣、才能或為政府效力而獲得了貴族地位，但往往對自己的平民出身諱莫如深。

英國人的國民性深深影響了貴族的生活方式。與其他國家的貴族不同，英國貴族並不特別嚮往奢華的宮廷生活，反而更重視家庭生活的舒適和獨立。這種傾向使得他們更偏愛鄉村生活，許多貴族家族甚至很少在倫敦長期居住。

在鄉間，貴族們世世代代將心血傾注於自己的莊園。他們精心設計建築、規劃種植，並悉心裝飾自己的產業。這種對鄉村生活的熱愛不僅展現了他們的品味，也成為英國貴族文化的一個重要特徵。

有趣的是，英國貴族家族的穩定性似乎與他們距離倫敦的遠近有關。俗語說，離倫敦越遠的家族，其延續的時間就越長。這或許反映了鄉村生活對家族傳承的重要性。然而，隨著工業革命的到來，蒸汽機等新技術可能會打破這種傳統模式。

一些古老的貴族家族甚至以他們的平民出身為傲，拒絕接受更高的爵位。這種態度展現了英國貴族的獨特心態：他們既重視家族的悠久歷

史，又不過分誇耀自己的地位。

　　整體而言，英國貴族的歷史和生活方式反映了英國社會的特點：重視傳統，但又不乏靈活性；追求品味，但又不失務實。這種獨特的貴族文化塑造了英國社會的面貌，也為我們提供了理解英國歷史和社會結構的重要視角。

英國地名：
訴說著這片土地悠久的歷史

　　英國的地名如同一首首優美的詩歌，訴說著這片土地悠久的歷史。每個地名背後都蘊藏著豐富的故事，將過去與現在緊密相連。這種命名方式不僅展現了英國人對自然環境的細緻觀察，也反映了他們對歷史傳承的珍視。

　　讓我們細細品味這些充滿韻味的地名。劍橋，一座橫跨劍河的橋梁，成為學術重鎮；謝菲爾德，謝菲河流域的領地，見證了工業革命的洗禮；李斯特，傳說中李爾王駐紮的營地，如今成為繁華都市。這些地名不僅指明了地理位置，更承載了數百年來的文化積澱。

　　河流在英國地名中扮演著重要角色。艾希特、達特茅斯、西德默斯等地名，都與當地河流的名稱密不可分。這些地名彷彿是大自然的詩行，描繪出英國綿延起伏的地貌特徵。同時，它們也記錄了先民如何依水而居，逐步建立起繁榮的聚落。

　　相較之下，美國的地名顯得缺乏想像力和歷史感。這種差異或許源於兩國截然不同的歷史進程：英國的地名經過漫長歲月的積澱而形成，美國則需要在短時間內為大片新拓殖區域命名。

　　英國地名的魅力不僅在於其悠久的歷史，更在於它們與當地景觀和文化的緊密連繫。這種命名方式反映了英國人對土地的深厚感情，以及他們對歷史傳承的重視。每一個地名都是一個微型的歷史課堂，向我們娓娓道來這片土地上發生的故事。

英國地名：訴說著這片土地悠久的歷史

┃土地與血脈：英國貴族的根深蒂固

　　英國貴族與其土地之間的連繫，如同一條看不見卻又牢不可破的紐帶，深深根植於他們的血液與習俗之中。這種緊密的關係不僅僅展現在他們的命名方式上，更是一種生活態度和價值觀的展現。

　　與愛爾蘭貴族從戲劇中尋找名字的做法不同，英國貴族反其道而行之，以地方的名字稱呼自己。這種做法彷彿在宣告：人是土地的化身，是家鄉的代表。他們驕傲地佩戴著生育他們的土地的象徵，彷彿在提醒世人，他們與土地之間的紐帶從未被割斷過。

　　在倫敦這個繁華的大都市中，來自各地的特產如阿蓋爾的石灰岩、康瓦爾的芥蘭菜、德文郡的羽絨、威爾斯的鐵、斯塔福的黏土等，都被視為珍寶。這些特產不僅代表了地方的特色，更是土地養育之人的象徵。英國人相信，這些特產所代表的峭壁、河岸、溪谷、沼澤和林地，都在他們的血液和習俗中留下了不可磨滅的印記。

　　這種對土地的深厚感情，使得以英國城市或區域命名的人士，都會將其視為一種責任和榮譽的挑戰。他們深知，自己不僅代表著個人，更肩負著為家鄉增光添彩的使命。

　　英國貴族對鄉村住宅的偏愛，加上與農民之間的和諧關係，使得英國的莊園得以完好儲存。這種和諧關係在西元 1784 年就被米拉賓敏銳地觀察到。他預言，若法國爆發革命，貴族的別墅將遭焚毀；而在英國，佃農則會拚死保衛他們的領主。

　　這種差異也展現在貴族們對待莊園的態度上。英國人視莊園為驕傲的象徵，趾高氣揚地前往；而法國貴族則將莊園視為被放逐的地方，僅僅為了節省開支而不得不去。更甚者，法國貴族不與佃農親近，反而想

方設法榨取他們的每一分錢。

英格蘭的土地和財富長期以來都集中在少數古老家族手中，他們的宏偉宅邸和廣闊領地見證了這個現實。漫步倫敦街頭，我們仍能看到這些貴族家族昔日輝煌的痕跡 —— 皮卡迪利大街上的宮殿、柏林頓公館、德文郡公館等豪宅依舊巍然屹立，彷彿在向過往行人炫耀它們的主人曾經擁有的財富與地位。

貝德福公爵家族曾經坐擁倫敦中心方圓一英里的土地，包括大英博物館所在地。西敏公爵則在短短幾年內建造了多個廣場，統稱貝爾葛雷維亞廣場。諾森伯蘭公館、切斯特菲爾公館等著名宅邸也都分布在倫敦各處，無一不彰顯著貴族家族的權勢。

然而，更令人驚嘆的是這些家族在鄉間的莊園規模。布雷多爾班侯爵可以騎馬從自己的宅邸一路走到海邊，全程 100 多英里都是他的私人領地。薩瑟蘭公爵擁有整個薩瑟蘭郡，該郡橫跨蘇格蘭兩個海岸。德文郡公爵僅在德比郡就擁有近 10 萬英畝土地，而諾福克公爵在薩塞克斯郡的獵苑就方圓 15 英里。

這種土地財富的集中也直接影響了英國的政治格局。在西元 1832 年議會改革之前，僅 1,514 個人就掌控了 307 個議會席位的提名權。朗斯伯爵一人就能憑藉自己的財產在議會中擁有 8 個席位。這種財富與權力的極度集中，使得英國彷彿回到了七國時代，由少數貴族家族主導國家政策。

英國貴族的優雅閒適與社會矛盾

在 19 世紀的英國，一幅令人瞠目結舌的社會圖景正在悄然展開。隨著工業革命的推進，這個狹小的島國呈現出截然不同的兩副面孔。一方

面是工廠林立、煙囪林立的工業區，喧囂繁忙；另一方面則是貴族莊園的寧靜優雅，彷彿與世隔絕。

這種反差不僅展現在地理空間上，更深刻地反映在社會結構中。大莊園主不斷吞併小農場，使得土地所有權越發集中。短短36年間，英格蘭的土地所有者從25萬戶銳減至3.2萬戶。這些巨型莊園成為貴族們的樂土，與周圍工業區形成鮮明對比。

然而，這種悠閒生活背後卻是社會矛盾的加劇。當我參觀上議院時，竟發現573位貴族中僅有二、三十人出席，不禁大為驚訝。得知他們或在莊園悠閒度日，或在歐洲各地遊山玩水時，我不禁質疑他們對國事的漠不關心。但我的朋友卻不以為然地回答：「在英國，人們都在為他們工作，替他們受苦，他們又何必自己操勞呢？」

這種特權階級的優越感根深蒂固，即便是最激進的改革者見了貴族也要脫帽致敬。西元1848年4月10日憲章派示威遊行時，貴族們破天荒地拿起武器「自衛」，但這更像是一場作秀。畢竟他們有威靈頓公爵作為代表，關鍵時刻可以掌控50位貴族的選票。

這種貴族的優雅閒適與社會底層的辛勤勞作形成了鮮明對比，折射出19世紀英國社會的深層矛盾。儘管工業革命帶來了巨大變革，但舊有的階級結構和特權依然頑固存在，這種矛盾終將引發更深刻的社會變革。

在19世紀的英國社會中，貴族階級扮演著舉足輕重的角色，他們的影響力涵蓋了政治、軍事、文化等諸多領域。這個階層不僅享有特權，同時也肩負著重要的社會責任。

貴族院作為政府的重要部門，賦予貴族們極大的政治權力。他們不僅可以占據內閣半數席位，還能憑藉其財富和地位影響其他席位的提

名。這種政治權力的集中使得貴族在歐洲擁有極高的社會地位和思想影響力。

在軍事領域,貴族同樣占據著重要位置。大多數高級軍官都出身貴族家庭,他們以其獨特的氣質和排場為軍隊增添了威嚴。然而,這種榮耀背後也伴隨著巨大的風險和責任。在對俄戰爭中,許多貴族家庭都有成員為國捐軀或受傷致殘,展現了他們對國家的忠誠和奉獻精神。

除了政治和軍事領域,貴族在社會生活的諸多方面也發揮著引領作用。他們主持公共集會、贊助慈善事業,在國家大事、消費習慣、社交禮儀等方面都造成了示範作用。貴族的存在和行為方式成為普通民眾心中的道德標竿。

然而,貴族制度的存在並非沒有爭議。有人質疑他們在當代批判精神中的作用,但不可否認的是,貴族制度作為社會進步的一個階段,在歷史發展中留下了深刻的印記。就像每個民族都以其特有的方式塑造自己的女性一樣,貴族的形成和發展也是一個民族文化和社會結構的獨特展現。

英倫貴族的學識與影響力:
18 世紀上院議員的教育背景

在 18 世紀的英國,貴族階層不僅僅是社會的頂層,更是文化、藝術和政治的引領者。這些受過良好教育的紳士們,以其獨特的氣質和廣博的學識,在社會各個領域都扮演著舉足輕重的角色。

貴族們的生活並非只是奢華與享樂,他們積極參與社會事務,將自身的才能和抱負融入到國家的發展中。他們遊歷四方,結交廣泛,這不

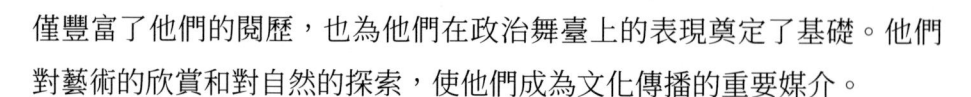

英國地名：訴說著這片土地悠久的歷史

僅豐富了他們的閱歷，也為他們在政治舞臺上的表現奠定了基礎。他們對藝術的欣賞和對自然的探索，使他們成為文化傳播的重要媒介。

在政治領域，貴族的影響力尤為顯著。人們常常就重大事務向他們請教，因為他們的見解往往能夠洞悉問題的本質，提供獨到的見解。一位德才兼備的伯爵，更是成為眾人學習的楷模。他們的言行舉止中蘊含著多方面的才能，而這種才能又以一種高尚而不可抗拒的方式展現出來。

值得注意的是，18世紀英國上院議員的教育背景發生了顯著的變化。從西元1701年到西元1799年的統計數據中，我們可以清晰地看到接受高等教育的上院議員比例穩定上升。西元1701年，只有32.09%的上院議員曾就讀於牛津、劍橋等大學。然而，到了西元1799年，這個比例已經上升到了63.52%。

這種變化反映出教育在貴族階層中日益受到重視。越來越多的貴族子弟選擇進入大學深造，這不僅提高了他們的知識水準，也為他們日後在政治舞臺上的表現打下了堅實的基礎。牛津和劍橋大學作為最受歡迎的學府，吸引了大多數選擇接受高等教育的上院議員。

這個教育趨勢的變化，無疑增強了英國上議院的整體素養和能力，使之能夠更好地應對複雜的政治和社會問題。同時，它也反映了貴族階層對知識和教育的重視，這種態度在相當程度上影響了整個社會對教育的看法。

英國貴族階級，這群站在社會金字塔頂端的人物，往往被認為是出身高貴卻缺乏思想的花瓶。然而，他們所具備的風度與氣質，卻是其他國家難以企及的。這種風度不僅僅是表面的禮儀，更是一種深入骨髓的文化底蘊，是經過數百年薰陶而成的生活藝術。

在英國，誠信的地位僅次於宗教。貴族們以誠信為基石，在倫敦上流社會中遊刃有餘。這種誠信不僅是個人品格的展現，更是整個社會的道德支柱。它如同一座宏偉的大教堂，滋養著人與人之間的愛與尊重。

禮貌，作為一種社會儀式，在貴族階級中被視為至關重要。它不僅是一種行為規範，更是一所風範學校，為整個時代帶來溫馨的祝福。這種禮貌使英國人的生活更加豐富多彩，彷彿是他們詩歌與神話中的景觀在現實中的延續。

貴族階級的存在，為英國社會提供了保險櫃和博物館的功能。他們是藝術品的收藏者和保護者，將世界各地的珍貴文物從戰火中搶救出來，安置在英國的土地上。那些有著數百年歷史的古老宅邸，不僅儲存了珍稀動植物，還守護著人類文明的瑰寶。

從阿倫德爾石雕到湯利美術館，從霍華德和史賓賽圖書館到沃立克和波特蘭花瓶，再到撒克遜人手稿和寺院建築，這些文物在貴族的庇護下得以完整儲存。即便是在動盪的時代，這些易碎的羅馬廣口瓶和埃及木乃伊箱也能夠安然無恙，彷彿在等待著未來的闡釋者到來。

因此，貴族階級不僅僅是社會階層的象徵，更是人類文明的守護者和傳統的延續者。他們的存在，使得英國成為一個活生生的歷史博物館，為後世儲存了無數珍貴的文化遺產。

英國貴族：
歷史文物的守護者與鄉村革新的推動者

英國貴族階層，作為一個獨特而複雜的社會群體，在歷史長河中扮演著多重角色。他們不僅是古老傳統的繼承者，更是文化藝術的保護者

英國地名：訴說著這片土地悠久的歷史

和鄉村發展的推動者。走進一座英國貴族的宅邸，你會驚訝地發現，這裡儼然是一座小型博物館。古希臘羅馬時期的藝術品點綴其間，將歷史的光輝凝固在這些精心布置的內室之中。

然而，英國貴族的貢獻遠不止於此。在園藝和農業領域，他們同樣展現出非凡的才能和遠見。喬治·盧敦、昆蒂尼和伊夫林等人將園藝技藝傳授給貴族，而亞瑟·揚、貝克維爾和米奇則幫助他們成為農業專家。這些知識和技能的傳播，為英國鄉村的發展奠定了堅實的基礎。

特別值得一提的是蘇格蘭地區的變革。在卡洛登戰役之後，一些富有遠見的貴族如亞瑟爾公爵、索瑟蘭公爵和布雷多爾班侯爵，引進了諸如油菜栽培、小麥種植、排水裝置、人工造林等先進的農業技術。儘管這個過程中不可避免地遇到了一些阻力，但最終的結果是令人驚嘆的：原本只能養活300萬人的土地，現在能夠支撐600萬人的生計，而且生活品質有了顯著提升。

英國貴族的形象在文學作品中得到了生動的刻劃。從莎士比亞筆下的善良漢弗萊公爵，到伊莉莎白女王大主教帕克對舒茲伯利伯爵的描繪，再到皮普斯和伊夫林筆下的貴族生活細節，這些都為我們勾勒出了一幅浪漫主義色彩濃厚的貴族生活圖景。

整體而言，英國貴族階層在歷史的進程中，既是傳統文化的守護者，又是社會進步的推動力。他們的莊園不僅是藝術品的寶庫，更是農業革新的試驗田。正是這種對過去的珍視和對未來的展望，使得英國貴族在歷史長河中留下了深刻的印記。

在文藝復興時期，歐洲貴族階層呈現出一幅光明與陰影交織的畫面。這個時代的貴族不僅是權力的象徵，更是文化藝術的守護者和推動者。他們中間出現眾多才華橫溢的詩人、哲學家、化學家和天文學家，

為人類文明的進步做出了重大貢獻。這些貴族不僅自身具備高尚的品德和情操，還慷慨地資助和支持天才和學者，尤其是在藝術領域。

大宅邸裡豪華的藝術畫廊成為這個時代的象徵，展示著貴族們對美的追求和對文化的熱愛。然而，在這些輝煌的表象之下，卻隱藏著一些不為人知的陰暗面。城堡雖然是貴族引以為傲的象徵，卻也成為潛在的危險之源。戰爭雖然是一種殘酷的遊戲，但在貴族政治歷史中，它並非最糟糕的部分。

隨著時間的推移，貴族階層逐漸失去了昔日的光彩。他們的教育變得局限於戰爭，日常生活則陷入了無所事事和奢靡享樂的泥潭。一些貴族變得放蕩不羈，甚至異常殘暴。宮廷生活的腐敗程度令人咋舌，戲院中的娼妓竟能被封為女公爵，她們的私生子也能成為公爵和伯爵。

這種墮落不僅影響了貴族階層，甚至蔓延到了王室。國王與親信之間的談話變得空洞無物，而那些有頭腦的人則遠離了與國王沉瀣一氣的大臣們。皮普斯的描述生動地展現了當時王室可能面臨的窘境：國王可能淪落到連紙張和手帕都無法擁有，甚至連最基本的生活必需品都無法獲得。

這段歷史告訴我們，即使是最輝煌的文明，如果失去了道德底線和進取精神，也會迅速走向衰落。文藝復興時期貴族階層的興衰，為後世提供了深刻的歷史教訓。

貴族的墮落與社會的反思：從喬治三世到維多利亞時代

在英國歷史的長河中，貴族階層一直扮演著舉足輕重的角色。然而，從喬治三世統治時期開始，這個曾經備受尊崇的階層逐漸暴露出其

腐敗和墮落的一面。賽爾溫的信札猶如一面鏡子，映照出了當時貴族政治的種種弊端。這些貴族為了個人利益，不惜出賣選票和榮譽，他們的行為不僅危及國家統一，更是對整個社會道德的嚴重挑戰。

隨著時間的推移，這種腐敗並未得到有效遏制。在喬治四世時期，一樁涉及皇室的醜聞更是震驚了整個歐洲。一位行為不端的人士竟能如此輕易地進入王室領地，這不僅暴露了皇家維安的漏洞，更使得王室聲譽受到了嚴重損害。這個事件也從側面反映出了當時貴族階層的放縱和無序。

即便到了維多利亞時代，儘管宮廷禮儀更加完善，但許多貴族仍然沉溺於賭博、賽馬、豪飲等不良嗜好中。這種行為不僅損害了他們自身的形象，也為整個社會帶來了負面影響。更令人擔憂的是，一些曾經顯赫一時的貴族家族，如白金漢、馬爾伯勒等，因為種種原因而日漸衰落，甚至陷入債務危機。

然而，我們也不能忽視那些品德高尚、熱心公益的貴族。他們努力維護家族聲譽，致力於社會公益事業。但即便如此，他們也面臨著巨額開支帶來的經濟壓力。德文郡公爵就是一個典型的例子，他雖然受人尊敬，但也因為慷慨解囊而陷入經濟困境。

這段歷史給我們帶來了深刻的啟示。它提醒我們，權力和財富並不能保證道德的高尚。相反，它們往往會成為腐蝕人性的溫床。同時，它也告訴我們，即使在最黑暗的時期，仍然有人堅持著正直和善良。這段歷史不僅是對過去的反思，更是對未來的警示和期許。

貴族的生活在外人眼中似乎光鮮亮麗、令人羨慕，但實際上卻充滿了諸多難題和矛盾。這些擁有大量財富和地產的人，往往被困在自己的社會地位和傳統責任之中，無法自由地支配自己的生活。

以查茨沃斯莊園為例，雖然擁有者每年只在此居住約一個月，但為

了維持體面，他們不得不花費巨額資金來維護這些閒置的宅邸。每年高達四、五千英鎊的開銷，大部分用於僱傭上百名傭人來打理這些產業。這種情況在許多貴族家庭中普遍存在，他們被指定為繼承人，既不能出售也不能出租這些宅邸，只能眼睜睜地看著它們成為一種沉重的負擔。

貴族的生活方式也常常受到批評。有人認為他們大多數人無所事事、揮霍無度，這種行為幾乎可以被視為一種犯罪。他們被描述為「賽馬騎手和花花公子」，似乎與普通人的生活完全脫節。這種生活方式不僅令人不齒，也使得有教養的人感到難以接近。

貴族們對於自己的身分地位往往保持著一種難以掩飾的高傲，這使得他們與普通人之間產生了一道無形的屏障。即便是有錢有勢的人，在進入貴族府邸時也會感到自己的地位低人一等。這種社會階層的鴻溝甚至延伸到了藝術界，貴族們常常將音樂家等藝術從業者排斥在他們的社交圈之外。

整體而言，貴族的生活雖然表面上光鮮亮麗，但實際上卻充滿了各種束縛和負擔。他們被迫維持一種昂貴且不切實際的生活方式，同時又與社會其他階層保持著距離，這種生活方式不僅令人質疑，也讓他們自身陷入了一種困境之中。

從貴族到紳士：英國社會階層的轉變與教育

在英國社會的變遷中，我們可以看到一個有趣的現象：貴族階層逐漸轉變為紳士階級。這種轉變不僅展現在社會地位上，更反映在教育方式和生活態度的變化上。

從前，貴族子弟多被培養成為武士或軍官。他們必須精通各種騎

術，接受嚴格的軍事訓練，甚至要經歷危險的練習。這種傳統一直延續到威廉一世繼位。然而，隨著社會的發展，越來越多的貴族家庭開始將目光轉向文職領域。

伊莉莎白時代的思想對後來的英國產生了深遠的影響。菲利普·西德尼先生、米爾頓和伊夫林等人的著作中，我們可以看到他們對年輕一代的忠告：追求樸實而誠摯的生活。這種思想逐漸影響了英國貴族和地主階層，他們開始為一種更加平和、富有情趣的鄉紳生活做準備。

這種轉變展現在他們的興趣愛好上。貴族們開始在各個城市間遊歷，學習製造香水、芳香粉、香袋和解毒劑，收集種子、寶石、錢幣和各種珍品。這些活動不僅為他們的私人生活增添了樂趣，也為他們未來的鄉紳生活奠定了基礎。

然而，這種轉變也帶來了一些問題。為了讓年輕貴族免於過度的智力活動，社會給予了他們諸多特權。在大學中，他們被免除了為獲取學位而必須參加的公共練習，取而代之的是一種所謂的榮譽學位。同時，他們在入學和其他場合需要支付更高的費用，這無疑加深了階級間的鴻溝。

正如富勒所觀察到的，外國人認為英國人過早地將孩子培養成為紳士是不明智的。這種做法可能會阻礙年輕人的全面發展，使他們過早地陷入一種固定的社會角色中。

這種從貴族到紳士的轉變，反映了英國社會的深刻變革。它不僅改變了教育方式，也重新定義了社會菁英的角色和責任。這個過程雖然緩慢，但卻為英國社會的未來發展奠定了基礎。

在這個日新月異的時代，英國社會正經歷著一場深刻的變革。約翰遜博士對長子繼承權的批評不無道理，因為社會的發展已經不再單純依賴血統和出身。工業革命帶來的技術進步，如蒸汽機、輪船和印刷術，

正在重塑整個社會結構。這些新興工具的掌控權不再專屬於特定階層，而是屬於那些有能力駕馭它們的人。

英國歷史的演進似乎印證了這一點。這片土地一直是人才輩出之地，為有才之士提供了施展抱負的舞臺。如今，勇於創新者往往能夠脫穎而出，成為新時代的領導者。法律、實業、管理等領域都在尋找最優秀的人才，而不再局限於特定的階級。勞動也逐漸獲得了應有的尊重和榮耀，這個趨勢甚至可以追溯到《大憲章》的精神。

然而，我們也要意識到，現實與理想之間仍存在差距。貴族階層雖然在某種程度上接受了這種變革，但仍然努力維持自己的特權和地位。他們透過保留古老的家族名號來維護自己的優越感，儘管實際上許多所謂的「古老家族」已經在悄然更迭。

有趣的是，正是這種社會流動性的增強，反而激發了人們對爵位和地位的渴望。正如納爾遜和西德尼・史密斯的言論所反映的那樣，野心勃勃的人們將獲得貴族頭銜視為人生的重要目標。同時，伯克的觀察也揭示了律師階層如何利用下議院作為通往上議院的跳板。

整體而言，英國社會正處於一個充滿機遇和挑戰的新時代。儘管傳統階級制度仍然存在，但智慧、才能和勤奮正逐漸成為決定個人成就的關鍵因素。這種變革不僅展現了社會的進步，也為未來的發展開闢了新的可能性。

英倫風雲：貴族光環的褪色與新貴的崛起

在 19 世紀的英國，一股巨大的社會變革正悄然席捲整個上流社會。昔日光鮮亮麗的貴族階層，如今正面臨著前所未有的挑戰。豪賭之風盛

行，一擲千金已成常態，一夜之間可以改變一個人的命運。然而，這種奢靡之風背後，卻是貴族階層地位的逐漸動搖。

曾經象徵特權與尊貴的徽章，如今卻失去了往日的光彩。貴族的封號不再是令人羨慕的象徵，反而變得陳腐落伍。這些曾經高高在上的貴族們，或許已經意識到了時代的變遷。那些華麗的外衣、假髮、香粉，都已成為歷史的陳跡，與遙遠的澳洲和玻里尼西亞的原住民首領們的裝扮沒有太大區別。

與此同時，一個新的階層正在悄然崛起。受過良好教育的中產階級，憑藉著他們的學識、禮儀和財富，逐漸與貴族們平起平坐。在倫敦，這樣的新貴估計有 7 萬之多，他們構成了新的上流社會。這些人雖然沒有貴族的封號，卻擁有更多的實力和影響力。

教育的普及使得階級的界限變得模糊。伊頓公學的學生們依舊保持著紳士風範，而工人階級的孩子們則更為隨性。然而，隨著越來越多的人接受高等教育，社會的流動性也在不斷增加。

今天的英國，一個沒有爵位的人也可能掌握最高權力，而有錢有勢的商人可以周遊世界，享受比昔日國王更多的利益。這種巨大的社會變革，象徵著一個新時代的到來，也預示著舊有階級制度的衰落。在這個風起雲湧的時代，英國社會正在經歷著深刻的變革，而這場變革的結果，將會塑造未來英國的面貌。

維多利亞時代的英國社會階層：從建築到政治

貴族青年，生活圈子狹窄，日常不外乎騎馬、玩槍和俱樂部社交。這種生活方式反映了當時英國社會的階級分明和固化。而貴族階級對政

治的壟斷：下議院被上議院控制，而上議院又幾乎全由貴族把持。這種政治結構使得貴族階級能夠主導公共事務的走向，將政治視為自己的專屬職業。

然而，社會結構並非一成不變。能夠成為勛爵的也有平民百姓，這代表著社會流動性的存在。同時，軍銜可以購買的現象，反映了金錢在社會地位變動中的作用，也暗示了傳統貴族制度可能面臨的挑戰。

社會地位越高的人，其口音越接近美國上流社會，這個現象不僅反映了英國上層社會的國際化傾向，也暗示了教育在塑造社會菁英方面的重要作用。

在這個世界上，有些人天生就擁有非凡的才能和智慧，彷彿是上天的恩賜。這些人常常被稱為天才或是天生的貴族。然而，正如這種與生俱來的優勢並非只是一種特權，更是一種責任。

真正偉大的人不應該只是享受自己的才能帶來的榮耀和地位，而是應該善用這些天賦來回饋社會。「當金色的河流變成滾滾淤泥，天空也會為之黯淡無光。」這句話深刻地揭示了才能被浪費的可悲後果。

那些擁有卓越才能卻不願承擔相應責任的人是可恥的。他們本應成為社會的楷模、先知或激勵者，卻選擇了懶惰和放蕩的生活方式。這不僅是對自身名譽的不負責任，更是對整個社會的一種背叛。

「不負責任地活著，就是卑鄙下流。」這句話道出了一個深刻的道理：生而為人，尤其是擁有特殊才能的人，就應該為這個世界做出貢獻。這不僅是一種道德義務，更是實現自我價值的必經之路。

正如古羅馬的麥西那斯和魯庫那斯那樣，擁有財富和地位的人更應該運用自己的資源來支持藝術、文化和社會進步。然而，僅僅擁有財富是遠遠不夠的。正如赫伯特在《教堂的門廊》中所言：「縱然擁有家產萬

千,如果頭腦愚笨簡單,只會人財兩空徒悲嘆。」這再次強調了智慧和責任感的重要性。

總之,天賦不僅是一種祝福,更是一種責任。真正的偉大不在於我們擁有什麼,而在於我們如何運用所擁有的來造福他人和社會。這種思想對於當今社會依然具有深遠的啟示意義。

牛津與劍橋：英國高等教育的雙峰

　　牛津大學和劍橋大學無疑是英國高等教育的雙峰，代表著學術界的最高成就和社會地位。作為一個來訪的外國學者，我有幸得以一窺這兩所頂尖學府的風采，雖然時間短暫，卻也足以讓我對它們留下深刻印象。

　　劍橋大學以其悠久的學術傳統和眾多傑出校友而聞名。雖然我只在那裡逗留了一天，但國王學院教堂的宏偉建築、各個學院精心修剪的草坪和花園，以及與幾位教授的短暫交流，都讓我感受到這所大學濃厚的學術氛圍和文化底蘊。近年來，劍橋大學似乎在某些領域的聲譽甚至超過了牛津，這無疑是其學術實力的展現。

　　相比之下，我在牛津大學停留的時間更長，體驗也更為豐富。作為受邀訪問學者，我有幸結識了多位傑出的教授和研究人員，其中包括生物學教授多布尼和一位皇家神學教授。在奧列爾學院，我受到了熱情款待，並有機會參觀了許多著名的建築和機構，如修道院、牛津大學圖書館和蘭道夫美術館等。

　　牛津大學給我留下深刻印象的不僅是其學術成就，還有其獨特的文化傳統。學院食堂裝飾精美，橡木壁板和天花板，牆上懸掛著歷代元老的畫像，餐桌上擺放著閃閃發光的金銀餐具。飯前誦讀古老的感恩禱告更是一種延續數百年的傳統，展現了這所大學對歷史和傳統的尊重。

　　無論是牛津還是劍橋，都給我留下了深刻的印象。這兩所大學不僅代表了英國高等教育的最高水準，也是世界學術界的翹楚。它們所培養

的學者和領袖,對人類文明的發展做出了重大貢獻。作為一個外國訪客,能有機會親身體驗這兩所名校的氛圍,實在是一次難忘的經歷。

牛津大學作為英國乃至歐洲學術界的一顆明珠,其悠久歷史與深厚文化底蘊令人嘆為觀止。這所古老學府的起源可追溯至遙遠的阿佛烈時期,甚至更早的亞瑟王時代。傳說中,德魯伊德教的費利爾特曾在此地創辦神學院,為牛津大學的誕生埋下伏筆。

在愛德華一世統治年間,牛津大學已蓬勃發展,據稱當時擁有高達3萬名學生,並建有19座宏偉華麗的建築。這座學府不僅是各學派思想交流的中心,更是英國與歐洲學術界連繫的重要紐帶。眾多名流學者慕名而來,如西元1497年的伊拉斯謨、西元1580年的阿爾貝利庫斯·真蒂利斯等。西元1583年,波蘭貴族錫拉德王子艾爾伯特·阿拉斯基訪英時,還在基督堂餐廳欣賞了精采的舞臺劇演出。

然而,這所歷史悠久的大學也展現出其保守的一面。每晚9點後,年輕學生們必須被關在房間裡,宿舍門衛還要公布允許9點後進入的學生名單。儘管如此,在1,200名學生中,即便不乏勇敢的貴族子弟,卻從未發生過決鬥事件,這或許可視為英國人善良天性的一個佐證。

牛津大學的魅力不僅展現在其悠久歷史與嚴謹制度上,更在於其珍貴的文化遺產。阿須莫林博物館珍藏著伊萊亞斯·阿什莫爾於西元1682年贈送的12輛珍品馬車,見證了這所大學的輝煌過往。安東尼·伍德和奧布里筆下的牛津大學,宛如一個競技與英雄薈萃的奧林匹亞,處處金光閃耀。

無可否認,牛津大學是古老與權威的象徵,在面對現代革新時也表現出一定的保守態度。然而,正是這種對傳統的堅守與對創新的謹慎,造就了牛津大學獨特的魅力,使其在漫長的歷史長河中始終保持著不可撼動的地位。

牛津大學：古老傳統與新興思潮的交會

　　牛津大學，這座古老的學術堡壘，歷經數個世紀的風雨洗禮，依然屹立不倒。漫步於其中，宛如穿越時空，感受著中世紀的氛圍與現代文明的碰撞。羅德大主教的法令仍然是這裡的治校之本，默頓圖書館的書籍依舊被鏈條拴在牆上，彷彿時光凝滯在某個遙遠的年代。

　　然而，這座學府並非完全與世隔絕。它經歷了思想的衝突與碰撞，見證了新舊觀念的交鋒。西元 1660 年，約翰·彌爾頓的著作被焚毀；西元 1683 年，湯瑪斯·霍布斯的《利維坦》也遭遇同樣的命運。這些事件無不展現了學術自由與權威控制之間的張力。

　　牛津大學的發展離不開慷慨的捐助者。每一位貴族、富有的學生在離開時都會留下珍貴的禮物，從餐具到藝術品，從書籍到基金，這些贈與構成了大學豐富的文化底蘊。其中最令人印象深刻的莫過於埃爾登勳爵的慷慨之舉，他以 4,000 英鎊的價格為大學購得拉斐爾和米開朗基羅的手稿，展現了對學術和藝術的崇高敬意。

　　儘管如此，我們不禁要問，這座學術殿堂是否已經聽聞《美國獨立宣言》的迴響？托勒密的天文學是否仍然主宰著這裡的天空？在這個新舊交替的時代，牛津大學正面臨著如何平衡傳統與創新的挑戰。它既是知識的守護者，又必須為新思想開闢道路。這種矛盾與融合，正是牛津大學獨特魅力的來源，也是它能夠在學術界長盛不衰的原因所在。

　　牛津大學，這座始創於西元 1167 年的學府，不僅是英語國家中最古老的大學，更是一座活生生的知識寶庫。愛默生將其比喻為「希臘文化工廠」，這個比喻恰如其分地描繪了牛津大學在學術和文化傳承方面的重要地位。

牛津與劍橋：英國高等教育的雙峰

　　在這座古老的學府中，博德利圖書館無疑是其中最耀眼的明珠。這裡珍藏著人類文明的瑰寶，從西元 896 年的柏拉圖手抄本，到同世紀的維吉爾著作，再到西元 1450 年門茨印刷的第一本《聖經》，每一件藏品都訴說著人類智慧的累積與傳承。

　　然而，博德利圖書館的魅力不僅在於其豐富的館藏，更在於那些與之相關的奇妙故事。班迪尼爾博士在威尼斯偶然購得的一間塞滿書籍和手稿的房子，竟然為牛津大學帶來了一個驚喜：那本殘缺的門茨版《聖經》所缺少的 20 頁，竟然完好無損地出現在這批藏品中。這個巧合彷彿是上天的安排，讓這部珍貴的《聖經》得以重新完整。

　　博德利圖書館的獨特之處還在於其嚴謹的管理制度。這裡從未點過蠟燭或生過火，以確保珍貴藏品的安全。其完整的書目成為牛津大學所有圖書館的標準，每個學院都以此為基礎，標註出本院所珍藏的圖書。這種系統不僅展現了牛津大學對知識的珍視，也展現了其對學術資源共享的重視。

　　牛津大學對知識的追求從未停歇。僅在西元 1847 年一年，博德利圖書館就在購買書籍上花費了 1,668 英鎊，這個數字充分說明了牛津大學對知識累積的熱忱與投入。

　　在這座古老而充滿活力的學府中，每一磚、每一瓦都訴說著人類對知識的渴望與追求。牛津大學不僅是一所學校，更是一座知識的寶庫，一個奇蹟發生的搖籃，一個人類文明得以傳承與發展的重要場所。

英國學府的菁英培養：
牛津與劍橋的學術傳統

英國人向來以其邏輯思維聞名於世，而這種特質在其高等教育體系中得到了充分展現。牛津大學猶如一座希臘文化的熔爐，正如威爾頓以其毛毯製造聞名，謝菲爾德以鋼鐵生產著稱。這些學府深諳如何汲取馬匹的力量和導師的智慧，將二者的精華融會貫通，塑造出獨特的學術氛圍。

在這片學術沃土上，學子們的生活節奏被精心設計。平日裡，他們勤奮苦讀，飲食有度；而在考試前夕，卻反其道而行之，放下書本，或閒逛，或騎馬，或跑步，為的是在關鍵時刻保持最佳狀態。這種看似矛盾的安排，實則展現了英國人對身心平衡的深刻理解。

獲得碩士學位的道路看似漫長，需要七年的時光。然而，實際上這七年被巧妙地分配為三年住校、四年通學，而那「三年」的實質學習時間更是縮減至區區 21 個月。這種時間安排的靈活性，既保證了學習的深度，又為學生提供了更多自主發展的空間。

然而，高等教育的成本一直是一個備受關注的話題。休維爾教授提到的十六畿尼年費，看似合理，卻可能誤導了不知內情的人。事實上，學生的主要開支來自私人講授，每年可能高達 50 至 70 英鎊，三年半下來總計約 1,000 美元。相比之下，劍橋大學的學費更為可觀，即使節省，一年也需花費 750 美元，而 1,500 美元的年度開支也並非罕見。

劍橋大學的「過憂橋」成為學子們日常生活的縮影。這座連線宿舍與教室的橋梁，見證了無數優秀學子的奮鬥歷程。他們在這兩點之間來回穿梭，書寫著屬於自己的學術傳奇。

牛津與劍橋：英國高等教育的雙峰

　　這種菁英教育模式，雖然成本不菲，卻為英國乃至世界培養了眾多傑出人才，成為英國高等教育引以為傲的代表。

　　牛津大學，這座古老而神聖的學府，不僅僅是一所教育機構，更是英國文化和知識傳承的象徵。它的存在本身就是一種無聲的宣言，彰顯著學術追求的崇高價值。在這裡，每一棟古老的建築、每一條蜿蜒的小徑都訴說著悠久的歷史，每一位學子都是這段輝煌歷史的延續者。

　　與美國的大學相比，牛津的獨特之處在於它對學術的純粹追求。在這裡，學生們不會因為商業和政治的喧囂而對學院的價值產生懷疑。相反，他們沉浸在濃厚的學術氛圍中，享受著知識的滋養。牛津大學就像一個小型的貴族社會，它的聲望和影響力使它在世界範圍內都備受尊崇。

　　牛津大學的獎學金制度也是其獨特之處。超過540種獎學金，每年平均200英鎊的資助，加上學校承擔的食宿費用，為許多熱愛學習但經濟困難的學生提供了寶貴的機會。這種慷慨的支持不僅展現了牛津對教育的重視，也展現了英國社會對知識分子的尊重。

　　然而，這種優越的環境也帶來了一些有趣的現象。一些年輕人儘管享受著優厚的待遇，卻又對某些限制感到不適應。他們中的一些人甚至準備放棄獎學金，似乎害怕自己也會變成那個被他們指給我看的、被扶進宿舍的癱瘓老頭。這種矛盾心理反映了年輕人對自由和未來的渴望，以及對終身學術生涯可能帶來的束縛的擔憂。

　　整體而言，牛津大學是一個充滿矛盾和魅力的地方。它既是傳統的守護者，也是創新的搖籃；既是學術的聖地，也是年輕人探索人生的舞臺。在這裡，每一位學生都在書寫著屬於自己的故事，為這座古老的學府增添新的光彩。

牛津的學術傳統：薰陶與創新的交織

在英格蘭的心臟地帶，伊西斯河和劍河蜿蜒流過，孕育出一片獨特的學術沃土。牛津大學作為這片土地上的明珠，幾個世紀以來一直是培養英國菁英的搖籃。這裡的空氣中瀰漫著希臘文化的芬芳，河水漲潮時彷彿能聽到古老詩歌的吟唱。

牛津的教育理念深深根植於古典傳統。每一位伊頓公學的佼佼者都能將平凡的校園指南化為優美的拉丁六步格詩，而古典文學專業的高年級生更是能夠信手拈來各種典故，展現出對人文科學的深刻理解和精準表達。這種深厚的文化底蘊不僅僅存在於莫德林學院或青銅鼻學院的圍牆之內，它彷彿融入了整個城市的血脈，成為每一個牛津人與生俱來的特質。

正如彌爾頓所洞察的那樣，英國似乎天生就繼承了這種文化。它不僅陶冶了古代的斯堪地那維亞人，更是提升了整個英國民族的思想深度。英國人的思想豐富多彩，只要他們能夠克制急躁的情緒，那充實的心靈和嚴肅的情趣就會自然而然地流露於筆端和言談之中。

這種獨特的文化氛圍造就了一批批傑出的英國作家和學者。他們不敢小覷周圍那些沉默而偉大的希臘學者，正是這些學者精練的言辭和鋒利的筆鋒塑造了英國新聞業獨特的風格和特性。在這樣的環境中，人們學會了精確表達、邏輯思考，以及高效工作的藝術。

牛津培養出的不僅是學者，更是全面發展的人才。他們擁有良好的體魄，如擲鐵餅者般強健；他們勤勉刻苦，如蒸汽錘般高效；他們博學多才，集智慧、體育和文化於一身。科克、曼斯菲爾德、塞爾登和本特利等世界級大師們，正是這種全面教育的典範，他們將精練的處世能力

與卓越的文化傳統完美結合，成為牛津大學引以為傲的代表。

英國紳士，這個令人嚮往的身分，似乎正在悄然消逝。然而，它所代表的精神核心依舊深深烙印在英國的教育體系和社會文化中。從伊頓、哈羅到牛津、劍橋，這些名校不僅僅是知識的殿堂，更是塑造英國紳士的搖籃。

在這些學校的運動場上，我們可以看到一種獨特的文化在蓬勃發展。勇氣和正直被高度讚揚，而卑鄙和怯懦則遭到唾棄。這種氛圍培養出了一種特殊的榮譽感，它超越了階級和出身，將所有學生都塑造成了紳士的模樣。這種教育方式不僅僅是為了培養知識，更是為了塑造品格。

德國學者胡伯爾對英國紳士的描述，生動地展現了這個群體的獨特性。他們擁有獨立的政治立場，具備一定的經濟實力，同時還保持著強健的體魄。這種綜合素養的培養，是其他國家的教育體系難以企及的。

然而，隨著時代的變遷，這種傳統的紳士形象似乎正在逐漸淡化。大學作為社會風向標，其變化也反映了這個趨勢。儘管如此，牛津和劍橋等頂尖學府依然被視為培養菁英的搖籃，其畢業生仍然是社交圈中最受歡迎的對象。

這種獨特的文化現象引發了我們的思考：在現代社會中，我們應該如何理解和傳承紳士精神？它是否還有存在的必要和價值？或許，我們需要重新定義當代的紳士形象，使之既能保留傳統精髓，又能適應新時代的需求。無論如何，英國紳士這個文化符號，依然是我們理解英國社會和教育體系的一個重要窗口。

傳統與創新：牛津大學的教育困境與機遇

牛津大學作為英國頂尖學府，其悠久歷史和深厚傳統無疑令人敬佩。然而，在這個快速變化的時代，我們不得不反思其教育理念和實踐是否仍能滿足社會需求。

一方面，牛津大學的教育模式似乎仍然偏重於菁英培養，忽視廣大平民階層的需求。其獎學金制度也飽受爭議，被指責未能有效地幫助那些最需要幫助的貧困學生。這種做法不僅加劇了社會不平等，也可能導致許多優秀人才被埋沒。

另一方面，我們不能否認牛津大學在某些特定領域的深度研究和學術傳承方面的成就。其嚴格的考試制度和高標準的學術要求，確實培養出了一批批優秀的人才。每年 20 — 30 位傑出英才和 400 位受到良好教育的畢業生，無疑為英國社會輸送了大量高素養人才。

然而，我們必須意識到，教育的本質不僅僅是知識的傳授，更應該是培養學生適應社會、解決實際問題的能力。在這一點上，牛津大學似乎還有很長的路要走。如何在保持傳統學術水準的同時，更好地回應社會需求，培養出既有深厚學識又具備實際能力的人才，這是牛津大學乃至整個英國高等教育體系面臨的重大挑戰。

未來，牛津大學需要在傳統與創新之間尋找平衡，既要珍視其悠久的學術傳統，又要與時俱進，適應新時代的需求。只有這樣，才能真正發揮其作為頂尖學府的影響力，為社會培養出更多優秀人才。

在英格蘭的土地上，我深刻感受到這個國家對教育的重視和對知識的渴求。英國人對學問的追求，如同他們對茶的鍾愛，早已融入骨髓。

牛津與劍橋：英國高等教育的雙峰

每一所大學、每一間圖書館，都彷彿是知識的寶庫，孕育著無數飽學之士。

漫步在牛津或劍橋的校園中，你會發現這裡的學生不僅身強體壯，更是學識淵博。他們的健康不僅源於良好的飲食習慣和定期的體育活動，更來自於對知識的孜孜不倦的追求。這些年輕人的眼中閃爍著智慧的光芒，他們的談吐中流露出對學問的熱愛。

英國的教育體系注重全面發展，不僅重視體魄的鍛鍊，更強調心智的磨礪。每天，你都能看到學生們在校園裡討論著各種學術話題，或是埋首圖書館，沉浸在浩瀚的知識海洋中。這種對知識的熱情和執著，造就了許多傑出的作家和學者。

相比之下，美國的教育似乎更偏重實用主義。雖然美國學生在某些方面可能略遜一籌，但只要養成良好的學習習慣，同樣可以達到英國學生的水準。關鍵在於培養對知識的熱愛，以及持之以恆的學習態度。

英國的圖書館是知識的寶庫，藏書之豐富令人嘆為觀止。雖然並非人人都能輕易接觸到這些珍貴的藏書，但英國人普遍具有閱讀的習慣。從貴族到平民，從學者到工人，讀書已成為英國人生活中不可或缺的一部分。

這種對知識的追求和尊重，塑造了英國獨特的學術氛圍和文化底蘊。它不僅培養了眾多學識淵博的學者，也為整個社會注入了持續進步的動力。英國教育的成功，或許正是我們應該學習和借鑑的。

牛津大學：知識殿堂與天才搖籃

牛津大學，這座知識的殿堂，如同一座浩瀚的圖書館，承載著英國乃至世界的智慧結晶。它不僅是一個學習的場所，更是思想碰撞與創新

的熔爐。在這裡，教授們如同圖書館的管理員，守護著知識的寶藏，同時也引導著學生們探索未知的領域。

然而，牛津並非只是一個靜態的知識儲存庫。它是一個充滿活力和矛盾的地方，既有傳統的力量，也有創新的衝動。在這裡，有教養的人相互促進，達到一種高水準的交流；同時，天才們也可能因為不循常規而遭受排斥，就像「木秀於林，風必摧之」一般。

儘管如此，牛津仍然是許多人心目中的理想求學之地。因為在這裡，即便是天才，也需要恰當的時機和環境來綻放光芒。大學的氛圍能夠追溯歷史，又能引領未來，它如同強風一般，不僅指明了思想的方向，也吹散了陳腐的觀念。

對於牛津的批評從未停息，有人抱怨教授們不夠開明，不能及時接納新思想；也有人認為他們缺乏原創性。但這些批評忽視了大學的本質功能。正如我們不能要求一個看門人像將軍一樣衝鋒陷陣，我們也不應期待每一位教授都是開創性的思想家。

真正的天才往往是珍稀的、危險的、反叛的，甚至是神祕莫測的。他們不會聽從任何外界的召喚，而是按照自己的節奏成長和發展。牛津大學，作為英國這片神奇土地上的一個縮影，始終在演變和進步。即使有人認為它已經強弩之末，但一種富有詩意的感化力仍在持續地從牛津的中心向外擴散，影響著整個社會。

在英國文學史上，牛津與劍橋大學猶如兩座巍峨的燈塔，照亮了無數文人學者的求知之路。這兩所古老學府不僅培養了眾多傑出的詩人，更為英國的文藝復興注入了源源不斷的活力。

亞瑟‧克拉夫便是其中的佼佼者。這位劍橋大學的畢業生不僅以詩人的身分聞名，更因翻譯《普魯塔克》而備受推崇。愛默生在其筆記中對

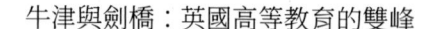

克拉夫及其同儕讚譽有加,稱他們「熱心、忠誠和親切」,並特別欣賞克拉夫年輕有為又品德高尚的特質。

牛津大學同樣不遑多讓。正如伊拉斯謨所言,牛津的學術氛圍令人沉醉,使他對原本嚮往的義大利失去了興趣。在這裡,他遇到了如柏拉圖再世的科勒特,博學多聞的格羅西恩,以及判斷力敏銳精練的利納克爾。更令人驚嘆的是湯瑪斯·莫爾,伊拉斯謨讚其為造物主所創造的最文雅、可愛、令人快樂的人。

這些學者們不僅僅是知識的傳播者,更是人文精神的踐行者。他們以自身的學識與品格,詮釋了「讓受到祝福的人也祝福他人,讓正享福的人繼續享福」的真諦。他們的存在,使得牛津和劍橋成為知識的殿堂,思想的搖籃,為英國的文藝復興奠定了堅實的基礎。

在這片孕育著無數天才的沃土上,詩歌、哲學、科學等多個領域的先驅者們彼此碰撞、互相啟發。他們如同古代凱爾特人中的德魯伊特祭司,以智慧和靈性引領著一個時代的文化走向。這種深厚的人文底蘊,不僅塑造了英國的學術傳統,更為整個歐洲的文藝復興運動注入新的活力。

大學生活的百態:從湯姆·勃朗到霍布斯

湯姆·勃朗在牛津大學的生活,如同一幅生動的畫卷,展現了 19 世紀英國頂尖學府的真實面貌。湯瑪斯·休斯筆下的牛津,並非人們想像中的知識殿堂,反而充斥著死氣沉沉的課堂和懶散的學生生活。這種描繪不禁讓人聯想到,即便是在歷史悠久的學府中,人性的複雜性依然無處不在。

與此形成鮮明對比的是，同一時期出現的偉大思想家霍布斯。他的《利維坦》一書，展現了一個完整的唯物主義哲學體系，探討了教會、國家和公民社會的本質與權力關係。這種深刻的思考似乎與牛津大學生活的表象格格不入，卻也說明了知識的追求往往源於個人的熱忱，而非僅僅依賴教育環境。

回顧歷史，我們不難發現，像托勒密、拉斐爾、米開朗基羅這樣的巨匠，他們的成就遠遠超越了他們所處的時代。這些人物的存在，彷彿在提醒我們：真正的學識和才能，往往需要超越常規教育的桎梏。

在這個充滿矛盾的知識景觀中，我們不禁要問：教育的真正價值何在？是在於傳授現成的知識，還是在於啟發獨立思考的能力？也許，答案就藏在湯姆·勃朗的日常生活與霍布斯的深邃思想之間的某個地方。

最後，值得一提的是，在描繪這些知識分子的生活時，我們不能忽視當時的社會經濟背景。像金路易這樣的貨幣單位，不僅是一個簡單的歷史註腳，更是理解那個時代知識分子生活狀態的一個窗口。它提醒我們，即便是最純粹的知識追求，也總是與現實世界緊密相連。

牛津與劍橋：英國高等教育的雙峰

英國宗教文化的深厚根基與現代轉變

　　英格蘭這片土地上，宗教信仰如同一條綿延不絕的河流，滋養著這個民族的文化與精神生活。從古老的城堡到雄偉的教堂，無一不見證著英國人民對宗教的深厚感情。這些建築不僅是石頭的堆砌，更是信仰與智慧的結晶，展現了創造者遠勝於今日參觀者的非凡才能。

　　英國的宗教歷史，猶如一座沉睡的火山。曾經，基督教的熱情如火山噴發般席捲全歐，在野蠻與文明之間劃下界線。這股力量不僅改變了社會習俗，更推動了自由思想的萌芽，為後世的發展奠定基礎。宗教熱情催生了宏偉的建築，也塑造了英國人的性格。

　　然而，隨著時代變遷，現代英國人與宗教的關係變得微妙而複雜。他們不再將自己與國教緊密連繫，卻也未完全脫離信仰。相反，他們將信念建立在現實的物質基礎之上，以真理、勤勞和節儉為準則。這種態度反映了英國人務實的特質，他們將宗教視為生活的一部分，如同婚姻制度，既是傳統，也是選擇。

　　今日的英國，雖然早已脫離了虔誠時代，但宗教文化的影響依舊無處不在。那些古老的石頭建築，不僅是過去的見證，更是理解現代英國社會的重要線索。它們提醒我們，即使在這個理性與科技主導的時代，人類仍需要精神寄託與文化傳承。

　　英國的宗教演變，折射出一個民族如何在保持傳統與適應現代之間尋求平衡。這種平衡或許就是英國文化得以持續發展、在世界舞臺上保持影響力的關鍵所在。

英國宗教文化的深厚根基與現代轉變

在這片古老的土地上，每一座城堡、每一座教堂都是時光的見證者，如同敦堤教堂古塔，靜默地訴說著八百年的滄桑。我常感嘆，這些建築的締造者比我們這些現代參觀者更為優秀。它們不僅僅是石頭的堆砌，更是英格蘭人民內心深處那股巨大情感力量的外化。

就如同玄武岩是沉睡千年的火山遺作，英格蘭曾經也被歐洲基督教的熾熱激情所點燃。這股神祕的烈火，在野蠻與文明之間劃下了一道深刻的界限。它的力量是如此強大，足以終結殉葬的陋習，抑制人性中的慾望，鼓舞十字軍東征，激發人民反抗暴政，喚醒民族自尊，同時也為農奴制和奴隸制畫上了句號。

在這股宗教熱情的推動下，自由的種子得以生根發芽。那些令人驚嘆的宗教建築──約克大教堂、紐斯特德修道院、西敏寺、噴泉修道院等──拔地而起。雖然今天我們已無法完全還原它們的建造方法和關鍵技術，但這些建築依舊屹立，向世人展示著信仰的力量。

宗教熱情不僅塑造了實體建築，還孕育了豐富的文化遺產。英語版《聖經》、祈禱書、僧侶史以及理查·戴維茲的編年史等重要著作，都是這個時期的產物。牧師們將拉丁文《聖經》翻譯成通俗易懂的英語，把古老聖徒的事蹟轉化為英國人熟悉的美德。這種轉化展現了白種人樂觀向上、勇於進取的精神面貌。

經過漫長的蒙昧時期，人類終於從沉睡中甦醒，迸發出無限的活力。北方蠻族的暴力行徑反而激發了基督教世界的團結與強大。在這個過程中，教會扮演了重要的角色。它是調停者，是督察者，更是民主原則的代言人。從威爾弗雷德主教解放 250 個農奴，到教會為勞作的農夫爭取休息日，再到拉蒂默、威克里夫等一批批宗教改革者的出現，教會始終站在普通民眾一方，推動著社會的進步。

英國教堂：信仰與文明的交織

　　坎特柏立座堂和西敏寺，這兩座英國最具代表性的宗教建築，不僅是信仰的象徵，更是英國歷史和文化的縮影。坎特柏立座堂作為英國國教的中心，其獨特的建築風格融合了法國和英國早期哥德式的精髓，成為歐洲罕見的建築瑰寶。而西敏寺則見證了英國的興衰榮辱，是國家重要事件的舞臺。

　　英國教會對國民的影響深遠，不僅僅局限於宗教領域，更是滲透到了日常生活的各方面。從飲食到醫療，從教育到精神撫慰，教會都扮演著不可或缺的角色。這種影響力的形成並非一蹴而就，而是經過漫長的發展過程，在這個過程中，許多重大事件塑造了英國的民族文化、情感和意志。

　　教堂不僅是信徒祈禱的場所，更是一本立體的《聖經》。精美的雕刻和彩繪講述著聖經故事，成為信徒們學習和理解信仰的重要途徑。隨著撒克遜民族將自己的語言確立為本土語言，教堂逐漸演變成為知識的殿堂，成為人們學習的中心。

　　在約克大教堂的一次經歷，生動地展現了英國教會如何將古老的傳統與現代生活相結合。當晚禱時唱詩班朗誦和吟唱《聖經》中雷蓓卡和艾薩克的故事時，剛剛閱讀過《泰晤士報》或參加過社交活動的英國聽眾們，卻能夠從這些古老的經文中獲得新的啟發和民族自豪感。這種新舊交融的方式，正是英國文明的獨特之處。

　　在英國，崇敬《聖經》已經成為文明的重要組成部分，它使得世界歷史得以延續。英國人將閱讀《聖經》與閱讀《泰晤士報》並重，這種習慣既保持了對傳統的尊重，又緊跟時代的脈搏，展現了英國文化的包容性和前瞻性。

英國宗教文化的深厚根基與現代轉變

　　約克大教堂矗立在英格蘭的心臟地帶，見證著這個國家悠久的宗教與文化傳統。這座歐洲最大的中世紀教堂不僅是建築藝術的瑰寶，更是英國公德心的縮影。當你步入教堂，韓德爾的〈主佑吾王〉從管風琴中流淌而出，神聖莊嚴的氛圍瞬間籠罩全身。這首加冕讚歌不僅是對上帝的頌揚，更蘊含著對王室與國家的忠誠。

　　從小到大，英國人都習慣了每天為女王、王室和議會祈禱。這種看似簡單的儀式，卻深深根植於每個英國人的思想中。教會不僅是信仰的中心，更充當著一種政治工具，將忠君愛國的理念潛移默化地傳遞給每一代英國人。

　　大學作為教會體系的延伸，在培養國家菁英方面發揮著舉足輕重的作用。牛津大學的基督教會學院就是一個典型的例子。這所創立於西元 1525 年的學院不僅是牛津最大的學院，更以培養了 16 位英國首相而自豪。正如愛默生所言，大學最初的目標就是培養牧師，而牧師則長期擔任著國家學者的角色。

　　這種宗教、政治與教育的緊密結合，塑造了英格蘭獨特的文化傳統。從宏偉的教堂到古老的學院，我們都能看到這個國家如何透過信仰與學識來培養其未來的領導者。這種傳統雖然根植於過去，卻仍在今天的英國社會中發揮著重要作用，繼續塑造著這個國家的未來。

神聖傳統與時代變遷：英國教會的輝煌與蛻變

　　英格蘭這片土地上，教會的根基深植於民族的靈魂之中。世世代代的英國人珍視著教會所代表的一切：那莊嚴的秩序、悠久的傳統、典雅

的祈禱書、莊重的儀式、宏偉的建築，以及與之相伴的高尚品格。這些元素不僅構成了教會的風貌，更塑造了英國人的精神氣質。

在那些充滿理想主義的人們眼中，教會不僅是信仰的殿堂，更是社會穩定的基石。它與治安、政治、經濟息息相關，為這個堅毅的民族提供了精神支柱。教會的建造是一項神聖的事業，只有品行端正、虔誠篤信的人才能參與其中。教堂內聚集了社會的菁英：學識淵博者、勤勉奉獻者、忠誠不渝者。他們中有許多人堪稱「赤誠之士」，即使面對困境也絕不背棄信仰。

然而，時代的洪流無情地沖刷著這座精神堡壘。曾經輝煌的時代，那些出現無數偉人與天才的世紀，如今已成為歷史的印記。威克里夫、貝克特、莫爾、赫伯特等巨擘的時代已然逝去，他們所代表的思想和精神似乎難以在當今世界找到棲身之所。

觀念的革命如春雨潤物，悄無聲息卻影響深遠。昔日占據教會核心的思想逐漸褪色，新的活力與理念正在萌芽。如今，當人們步入教堂，所見的景象或許已大不相同：虔誠的信徒與茫然的訪客並肩而立，古老的儀式與現代的困惑交織在一起。

這般變遷，既是挑戰，亦是機遇。英國教會正面臨著如何在保持傳統精髓的同時，適應新時代需求的考驗。它的未來，將由那些能夠在變革中找到平衡，在創新中傳承精神的人來塑造。

在這片綠意盎然的英格蘭土地上，宗教信仰早已成為上流社會不可或缺的裝飾品。當你漫步在倫敦街頭，偶然瞥見一位衣著考究的紳士步入教堂時，不要被他那副虔誠模樣所迷惑。那不過是一場精心編排的表演罷了。

這位紳士踏入教堂的每一步都充滿了優雅與矜持，彷彿上帝應該為

他的光臨而感到榮幸。他低頭祈禱時，那頂光可鑑人的禮帽恰到好處地遮住了臉龐，為這場表演增添了幾分神祕感。然而，在這副偽裝之下，卻是一顆驕傲自滿的心。

對這些英國上流人士而言，宗教信仰不過是一種社交禮儀，一種展示自身地位的工具。他們對禱告詞的內容毫不關心，反而認為自己能屈尊降貴地向上帝祈禱已是莫大的恩賜。正如一位大公爵在上議院慶功會上所言，他們甚至認為全能的上帝還沒有被他們好好「利用」呢！

教堂，在他們眼中，是貴族的專屬樂園，而非窮人的避風港。那些衣衫襤褸的勞工們，是永遠不會踏入這神聖殿堂的。有趣的是，一些紳士在下議院中竟然自豪地宣稱，他們一生中從未在教堂裡見過窮人的身影。

這種對宗教的冷漠態度與他們對英語的精通形成了鮮明對比，展現了一種奇特的智愚並存狀態。他們的信仰淪為了一種社會證明，教堂則成了他們炫耀身分的舞臺。若有人試圖揭穿這場鬧劇，必定會遭到激烈的抗議與譴責。

英國思想的閥門：
實用主義與宗教的微妙平衡

在這片充滿矛盾與妥協的土地上，英國人的思維方式如同一臺精密的蒸汽機，既有其獨特的運作邏輯，又受制於某種無形的閥門調節。這閥門彷彿是一種心智上的安全裝置，在適當的時候自動關閉，將英國人的思考限制在一個舒適而實用的範圍之內。

英國人對實幹的推崇與對權力的輕視，形成了一種奇特的平衡。他

們評價思想的標準往往建立在經濟效益之上，就連一位聖徒的價值也可能僅僅在於他能否勝任隨軍牧師的職務。這種實用主義的態度使得哲學家在他們眼中與藥劑師無異，靈感不過是另一種形式的工具而已。

然而，這種務實的思維方式並非無懈可擊。當話題觸及某些敏感領域，特別是英國教會時，那些在其他領域侃侃而談的智者們便會突然噤聲。這種現象彷彿印證了那道神祕閥門的存在，它在適當的時候切斷了思考的泉源，使人陷入一種近乎機械的沉默狀態。

大學教育在這種氛圍中扮演著微妙的角色。它不僅傳授知識，更肩負著塑造「有教養的英國人」的重任。這種教育模式既培養了大主教，也造就了哲學家，但其最終目標似乎都指向了一個共同的方向：維護英國的民族精神和社會秩序。

國教教會在這個體系中占據著特殊的地位。儘管其教義可能充滿奧祕，但它無疑代表著一種上層階級的精神象徵。國教牧師們往往出身高貴，舉止得體，能夠理解並欣賞他人的思想。然而，這種開放性似乎也有其界限。當多個牧師聚集在一起時，他們對外來思想的接受度便會大幅降低，轉而堅定地維護教會的立場。

這種現象或許正是英國社會的縮影：一個既開放又保守、既理性又迷信、既實用又神祕的矛盾體。在這裡，思想的自由與傳統的約束相互角力，形成了一種獨特的文化生態。

英國國教教堂以其獨特的魅力和深厚的文化底蘊在世界宗教建築中占有一席之地。它們不僅是宗教信仰的中心，更是藝術、音樂和建築的珍寶庫。這些教堂以其典雅的外表和神職人員的雄雅風度而聞名，彷彿在向世人宣告：「By taste are ye saved」——大眾因品味而獲重生。

在這些教堂中，倫敦聖保羅座堂無疑是最為璀璨的明珠。這座始建

英國宗教文化的深厚根基與現代轉變

於西元 1675 年,歷時 35 年才完工的宏偉建築,以其壯觀的圓形屋頂成為倫敦天際線上的代表性建築。它不僅是英國國教的中心教堂,更是古典主義建築的巔峰之作。走進教堂,你會被其內部的莊嚴肅穆所震撼,同時也會驚嘆於其中蘊藏的豐富歷史。這裡安葬著諸多名人,如撒克遜國王、威靈頓將軍等,他們的墳墓和紀念碑訴說著英國的輝煌過往。

然而,英國國教教堂的魅力不僅限於其建築之美。它們更是一種生活方式的展現,一種優雅、克制且富有教養的生活態度。這些教堂對慣常事件視而不見,不會無事生非,也不會干涉他人。它們就像是一位優雅的紳士,靜靜地佇立在那裡,見證著歷史的變遷。

儘管如此,我們也不能忽視英國國教教堂在某些方面表現出的保守態度。它們對政治變革、文學發展和社交藝術進步往往持敵意態度。這種矛盾的存在,使得英國國教教堂成為一個複雜而有趣的研究對象,它既是文化的守護者,又時常成為進步的阻力。

▎英國信仰的演變:從古老傳統到新時代思潮

英國人的信仰體系一直以來都是一個引人入勝的研究課題。雖然表面上看,英國是一個基督教國家,但其信仰的本質卻遠比這簡單的標籤要複雜得多。英國人的信仰更多根植於《舊約》的教義,而非《新約》的教導。這種獨特的宗教觀念塑造了英國人的世界觀和價值觀。

英國人對信仰的態度可以說是務實的。他們不會盲目地追隨任何教條或偶像,無論是古希臘哲學家蘇格拉底還是他們的女王。相反,他們採取一種謹慎而務實的態度,希望能夠無過而不求有功。這種態度反映在他們對女王的祝福中:「祝她身體健康,四季發財,長命百歲。」這種

直白而實際的祝福語，充分展現了英國人的特色。

然而，英國的宗教歷史中確實存在著一些鮮為人知的猶太式禱告。從中世紀的理查王時期到 18 世紀的塞繆爾·羅密利爵士，再到 19 世紀的畫家海多，我們可以在歷史文獻中找到這種禱告的痕跡。例如，17 世紀的著名日記作家山繆·皮普斯就曾虔誠地寫道：「當我第一次坐上自己的馬車攜妻外出時，確實讓我內心欣喜不已。感謝上帝，祈求他保佑我，直到永遠。」

儘管如此，英國社會對猶太人的態度並非總是寬容的。西元 1753 年的猶太人入籍法案就遭到了全國範圍內的強烈反對。反對者認為這項法案「極端玷辱了基督教，極端傷害了王國裡大多數人利益和王國的商業貿易，特別是倫敦的商業貿易」。

然而，歷史的車輪總是在前進。正如所說：「天旋地轉，永不停息」。新的時代帶來了新的希望、新的挑戰、新的貿易機會和新的人道主義思想。在這種背景下，人們開始用新的眼光重新審視《聖經》，尋求新的解釋和啟示。英國的信仰體系也在這種新舊交替中不斷演變，呈現出一種獨特的面貌。

在這個現代化的世界裡，我們似乎已經遠離了那個充滿嘈雜聲音的時代。法國政治的喋喋不休、船隻汽笛的轟鳴、磨坊的嗡嗡作響，以及移民們登船時的喧囂，都已經成為遙遠的回憶。然而，宗教卻依然存在，像是一個頑固的常數，在我們的社會中揮之不去。

當你走進現代的禮拜堂，朗讀那些古老的祈禱文時，不禁感到一絲荒謬。這種場景彷彿是一場跨越時空的化裝舞會，將古老的習俗硬生生地搬到了現代的舞臺上。然而，我們必須承認，宗教就像是我們的皮膚或其他重要器官一樣，是與生俱來的存在。

英國宗教文化的深厚根基與現代轉變

宗教每天都在以新的方式宣告自己的存在。先知和信徒們深諳此道,而新教徒則透過引用經文來反駁國教。這種宗教間的對話,往往只有同類才能真正理解。正如政治家所知,宗教元素就像人體需要的纖維蛋白和乳糜一樣,是社會不可或缺的組成部分。

聰明的議員們明白這一點。他們願意在寺院、學校、圖書館和大學等方面投資,但並不希望看到神職人員因此而暴富。他們更傾向於創造機會,讓人們能夠充分發揮自己的才能,而不是將神職人員等級化。

然而,當教會的財富逐漸增長時,就需要有人來管理這些財富。這些管理者的責任是為財富指明正確的出路,而不是讓它變成一團迷霧。在這個過程中,難免會出現階級分化,有錢人可能會試圖將沒錢的人排斥在宗教之外。

整體而言,宗教與社會的關係就像一場永恆的共舞。它們互相影響,互相塑造,有時和諧,有時緊張。但無論如何,這場舞蹈似乎永遠不會停止,繼續在人類文明的舞臺上演繹著它獨特的韻律。

教會的腐敗與虛偽:一個批判性的觀察

在這個世俗化的時代,教會似乎已經偏離了其神聖使命,淪為一個充滿利己主義和虛偽的機構。從最低階的助理牧師到高高在上的主教,整個教會體系都呈現出一幅令人不安的畫面。

助理牧師們勉強維持生計,而高級教士們卻過著奢華的生活。這種不平等不僅反映了教會內部的階級差異,更暴露了其核心價值觀的扭曲。那些出身豪門或不稱職的人往往能夠占據要職,他們關心的只是如何揮霍和消費,而非服務信眾和傳播福音。

主教這個神職人員的形象尤其令人失望。表面上他們身著莊嚴的法衣，實則內心充滿了世俗的慾望。正如布魯漢姆所諷刺的那樣，這些「可敬的主教們」似乎在接受豐厚薪酬的那一刻就被「聖靈感動」，毫不猶豫地接受了聖職。然而，這種所謂的「神聖感召」與其說是出於信仰，不如說是對金錢和權力的追逐。

更令人不安的是主教選舉過程中的虛偽。表面上是神聖的選舉儀式，實際上卻是一場精心安排的戲碼。選舉人們假裝尋求聖靈的指引，但最終的結果總是與女王的意願不謀而合。這種做法不僅褻瀆了宗教儀式，更是對信徒們的一種欺騙。

英國教會在德國批評家的衝擊下，傳統外的一切都被摧毀殆盡。這種情況使其不可避免地倒退回羅馬天主教時代的狀態。然而，這種倒退並非是什麼值得驕傲的事，反而使受過教育的階層與教會漸行漸遠。

大自然似乎總有其平衡之道。當教徒們被驅逐出英國教會並分裂成諸多派別時，這些新興的教派迅速崛起，開始對國教形成制衡。更微妙的是，英國人對變革的厭惡，尤其是在宗教領域，導致他們固守陳規、言行不一。這種虛偽不僅限於英國，更蔓延至整個盎格魯—撒克遜世界，成為其他民族望塵莫及的特質。

在這樣的氛圍下，文學和媒體成為揭露和諷刺這種虛偽的主要陣地。報刊上充斥著對偽善行為的赤裸裸報導，令人不寒而慄。當代宗教儀式彷彿成了一場滑稽戲，連雷聲都是人為製造的特效。這種盲目信仰與虛偽行為激發了諷刺文學的蓬勃發展。

《笨拙》週刊找到了源源不絕的素材來嘲諷這種現象。狄更斯筆下的艾希特府第式人物栩栩如生地展現了這種虛偽。薩克雷則無情地揭露了上流社會的虛假面目。與此同時，下層階級的異教信仰似乎成為大自然

對這種虛偽的一種報復。

即便是慈善事業也未能倖免於這種諷刺。當沙夫茨伯里爵士試圖向窮苦的小偷們傳教時，卻被嘲笑為「胡扯」。這種現象折射出社會各階層之間的鴻溝，以及宗教在面對現實社會問題時的無力感。

整體而言，這個時期的英國社會呈現出一種矛盾的景象：表面上的虔誠與內在的空虛並存，而文學和媒體則成為揭露這種現象的主要力量。

宗教之謎：信仰的本質與社會角色

宗教，這個看似熟悉卻又神祕莫測的存在，究竟為何物？它既非僅存於教堂的高牆之內，亦非局限於神職人員的言行舉止中。就如同電流、思想或情感，宗教是一種無形卻強大的力量，穿梭於人心，流轉於社會。

英國的宗教格局更是複雜多樣。國教雖立，卻難以獨攬大權；各異教派如雨後春筍，卻又難脫國教陰影。這些教派之於國教，恰如計程車之於四輪馬車，雖有差異，本質相通。那麼，真正的宗教精神又在何處？

或許我們該先問：電流、情感、思想存在於何處？它們無處不在，卻又難以捉摸。同樣，宗教也是如此。它不似倫敦博物館或倫敦塔，可以用磚石砌就，固定一處。相反，它是流動的、變幻的，如同一位神祕的旅人，時而現身，時而隱匿，令人困惑不已。

然而，若將宗教視為一種促進善良、懲戒邪惡的力量，我們便能在歷史的長河中尋得其蹤跡。從阿佛烈時代到羅密利時代，從克拉克森到佛蘿倫絲・南丁格爾，這種神聖的力量一直存在於無數平凡人的心中，默默影響著社會的進程。

可悲的是，教會本身卻常常背離這種崇高的精神。當教階制度開始畏懼科學、教育、虔誠，甚至傳統與神學時，神職人員便陷入了困境。他們要麼選擇脫離已然名存實亡的教會，要麼淪為虛假地位的奴隸，滿口謊言，背信棄義。

這種矛盾不僅存在於基督教世界。當喬治・博羅向吉普賽人宣讀使徒信經時，他遭遇的恐懼與敵意，正是不同文化與信仰碰撞時的縮影。宗教，這個看似團結人心的力量，有時反而成為隔閡的根源。

因此，我們必須重新思考宗教的本質。它不應僅僅是一種制度或教條，而應是一種追求善良、正義與和諧的精神力量。唯有如此，宗教才能真正發揮其積極作用，推動社會進步，促進人類和平共處。

19 世紀英國的思想解放與宗教改革

在 19 世紀的英國，我們見證了一場思想與信仰的巨大變革。這個時期，一批富有洞察力的學者和思想家開始質疑傳統的宗教觀念，並推動社會向更加開放和進步的方向發展。

湯瑪斯・泰勒就是其中一位具有代表性的人物。作為柏拉圖的追隨者和新柏拉圖主義的倡導者，他大膽地挑戰了當時盛行的基督教信仰。泰勒甚至在翻譯《克拉泰魯斯》時，將基督教稱為「一種最荒謬無理的不敬行為」。這種言論在當時無疑是極具爭議的，但也反映了知識分子對宗教教條的反思。

與此同時，英國社會也在經歷一系列重大的改革。愛默生列舉了從西元 1780 年到西元 1846 年間發生的多項進步事件，包括議會改革、天主教解放、改革法案通過、西印度解放等。這些變革不僅展現了英國社會的進步，也為思想解放提供了更廣闊的空間。

約翰・斯特林的經歷則生動地展現了這個時代知識分子所面臨的困境與選擇。曾經擔任助理神父的他，最終發現國教的清規戒律阻礙了自己的進步。在寫給朋友的信中，斯特林強烈批評了英國學術界對新思想

的封閉態度,特別是牛津和劍橋這些傳統學府。他呼籲摒棄「垂死的聖經教條思想」,反映了當時一些知識分子對宗教改革的迫切渴望。

這個時期的英國,正經歷著一場思想的革命。從對《聖經》的批判性研究,到對伏爾泰等啟蒙思想家的重新認識,我們看到了一個正在覺醒的社會。儘管這個過程充滿挑戰和爭議,但它為現代英國乃至整個西方世界的思想解放奠定了基礎。

喬治・博羅無疑是 19 世紀最引人入勝的人物之一。這位英國學者以其對吉普賽文化的深入研究和親身體驗而聞名。博羅不滿足於僅僅從書本中了解這個神祕的民族,他選擇親自融入吉普賽人的生活,與他們同行、同住,體驗他們獨特的文化與習俗。

博羅的冒險精神和學術熱情驅使他走遍西班牙,深入吉普賽社群。這段經歷成為他著作《辛卡利 ── 西班牙吉普賽人紀實》的靈感來源。這本書不僅記錄了吉普賽人的風俗習慣,還深入探討了他們的語言和歷史,為後世學者提供了寶貴的第一手資料。

除了民族學研究,博羅還是一位多才多藝的作家。他的自傳體小說《萊文格羅》展現了他豐富多彩的人生經歷,而《羅曼・羅依》則進一步探索了他與吉普賽文化的深厚淵源。這些作品不僅記錄了博羅的個人經歷,也為讀者開啟了一扇通往 19 世紀英國社會和吉普賽文化的窗口。

有趣的是,這位熱衷於研究異族文化的學者,同時也是「大英聖經公會」的一員。這種看似矛盾的身分,實際上反映了博羅廣博的興趣和開放的思維。他對語言的熱愛和對不同文化的尊重,使他能夠在傳播基督教義的同時,也致力於保護和記錄少數民族的文化遺產。

喬治・博羅的人生是一部跨越文化界限的傳奇。他的著作和經歷不

僅豐富了我們對吉普賽文化的認知,也為跨文化研究和理解樹立了典範。在當今這個全球化的時代,博羅的故事仍然能夠啟發我們,鼓勵我們以開放和尊重的態度去了解和欣賞不同的文化。

英倫文學魂：
從莎翁到民謠，平凡中的非凡

　　英國文學的魅力，猶如一杯濃郁的英式紅茶，既有深邃的底蘊，又富含樸實的芬芳。莎士比亞堪稱這個文學傳統的巔峰，他的作品完美融合了撒克遜人的細膩與東方人的豪邁。雖然後世作家也有所成就，但難以望其項背。

　　英國文學的獨特之處不僅展現在大師們的作品中，更滲透在整個時代的創作氛圍裡。那是一種充滿活力、自由奔放的精神氣質。這種精神根植於英語民族的血脈中，如同一股復甦的力量，能夠起死回生。在這片土地上，始終有一批睿智的思想家，他們慧眼識珠，能夠欣賞知識分子的才華，洞察歷史的脈動。

　　英國人的文學表達方式往往樸實無華，卻又精準有力。他們的語言沒有雅典人或義大利人那般華麗繁複，卻以其獨特的方式傳遞深刻的內涵。這種表達風格不分貴賤，既適用於貴族，也為平民所用。它像一位荷蘭畫家，用平凡的鍋碗瓢盆描繪出居家之美。

　　英國詩人們對自然界的每一個細節都懷有深厚的情感。他們的詩歌中充滿了對農舍、鄉間小路、集鎮的眷戀，彷彿能聞到泥土的芬芳，感受到牛羊的氣息。這種對平凡事物的深刻洞察力，使英國文學在看似平淡的敘述中，呈現出非凡的魅力。

　　英國人的文學創作不僅僅停留在想像的層面，更深深扎根於現實生活。他們熱愛實用的工具，如斧頭、鐵鎬、船槳等，並以此為創作靈

感。這種務實的精神，使得英國文學在平凡中見真知，在樸實中顯睿智，成就了獨具一格的文學傳統。

英國人的性格特徵在日常生活中可見一斑。他們喜歡實在的東西，不屑於空洞的承諾。給他們一個真正的鬆餅，而不是虛無縹緲的許諾；提供切實可口的熱排骨，而非華而不實的選單。這種務實態度不僅展現在飲食上，更深深烙印在他們的文化與思想中。

英國知識分子將這種務實精神融入了他們的學術與藝術創作。一個有學識的英國詩人或哲學家，往往能將堅實的真理和精密的邏輯巧妙地結合在一起。他們對事實保持忠誠，不會陷入空想或追逐虛無縹緲的幻象。然而，在這種實際主義的外表下，他們的內心仍然保有一種堅定不移的精神象徵。

這種特質展現在英國人對文學作品的偏好上。他們欣賞但丁，因為但丁以堅定不移的態度展現了一種心靈意象，就像盾牌上的徽章一樣鮮明。相比之下，拜倫則喜歡用奇思妙想來激發靈感，這種風格與英國人的務實性格形成了有趣的對比。

英國人的語言風格也反映了這種特質。他們的表達方式直接、有力，甚至被譽為具有《聖經》般的文字魅力。這種風格貫穿了眾多經典作品，從《阿佛烈編年史》到《北方英雄傳奇》，再到後來的眾多文學巨匠的作品中。

無論是拉蒂默的樸實無華，還是霍布斯的「高尚粗俗語言」，都展現了這種直白而有力的表達方式。從多恩到彌爾頓，從泰勒到皮普斯，眾多英國作家都在自己的作品中延續了這個傳統。

斯威夫特的寫作風格更是將這種實在主義推向了極致，他筆下的人物栩栩如生，彷彿是為警察筆錄而創作的。笛福的作品則以一字不改的

精準著稱,而休迪布拉斯則在感性與理性的描述上都達到了極高的真實度。

這種務實而真誠的特質,從英國人的飲食習慣延伸到他們的文學創作,構成了英國文化的一個重要面向,值得我們深入探討和理解。

英國詩歌之父:喬叟的文學遺產與影響

喬叟,這位被尊稱為英國詩歌之父的文學巨匠,不僅是歷史上第一個以英語創作的文人,更是中世紀英國文學的奠基者。他的傑作《坎特伯雷故事集》猶如一面明鏡,反映了 14 世紀英國社會的縮影,以其生動細膩的描寫,滿足了讀者的感官需求,同時也開創了英語文學的新紀元。

喬叟的創作風格深深根植於英國民族的執著和嚴謹精神,這種特質在後來的文學巨匠如莎士比亞、史賓賽和彌爾頓等人的作品中得到了進一步的發揚光大。他們的作品展現了一種獨特的精神上的唯物論,這種思想不僅展現了英國天才的卓越人生價值觀,還在赫伯特、亨利、莫爾、多恩和湯瑪斯・布朗等作家的創作中得到了充分的展現。

這種撒克遜式的唯物論和偏執勁,如同一股無形的力量,滲透到了英國文學的思維領域,造就了像莎士比亞和彌爾頓這樣的文學巨匠。當這種思想達到爐火純青的境地時,即使是最深奧的哲理也能被表達得如履平地,讓讀者輕鬆領會。

在這種唯物論的最高境界裡,詩歌成為普通常識的感應器,就像生鐵在高溫下發出耀眼的白光一樣。喬叟的創作正是這種思想的完美展現,他的作品不僅滿足了人們的感官需求,更是英國文學精神的集中展

現。透過《坎特伯雷故事集》，喬叟成功地將日常生活的平凡瑣事提升到了藝術的高度，為後世的英國文學開闢了一條嶄新的道路。

英倫三島的語言藝術，如同一幅精心編織的錦繡，其中交織著撒克遜的堅實與羅馬的優雅。這種獨特的混合不僅展現在日常對話中，更在文學創作中綻放出耀眼的光芒。每一句話語，每一篇文章，都是這兩種語言靈魂的完美融合。

想像一下，當你漫步在英國的街頭巷尾，耳畔傳來的是質樸有力的撒克遜語。這是勞動者的語言，是兒童天真無邪的歌謠。而當你步入莊嚴的議會大廳或古老的大學校園，則會聽到優雅流暢的拉丁語。這種語言的二元性，正是英國文化深厚底蘊的展現。

英國作家們深諳此道。他們巧妙地運用撒克遜語言的單音節詞彙，為華麗的羅馬詞藻增添力量與活力。這種技巧不是簡單的詞彙拼湊，而是一種藝術。就像一位技藝精湛的畫家，用不同的顏料調配出完美的色彩。

莎士比亞的作品是這種語言藝術的巔峰之作。在他的筆下，撒克遜人的細膩情感與東方人的豪放氣質完美融合。他的作品如同一座巍峨的大山，後來的作家們雖然努力攀登，卻始終難以企及其高度。

這種語言的雙重性不僅展現在文學創作中，更深深影響了英國人的思維方式。它賦予英國人敏銳的洞察力，使他們能夠在平凡中捕捉驚奇，在常識中尋找靈感。這種獨特的思維方式，使英國在哲學、宗教和詩歌領域都取得輝煌的成就。

英國文學之魂：簡潔中的力量與活力

英國文學的魅力，不僅僅展現在那些享譽盛名的大家之作中，即便是二、三流作家的筆下，也閃爍著獨特的光芒。這種魅力源於他們共同的風格特徵：簡潔而粗獷的表達，卻能將事物描繪得栩栩如生。這種特質不僅存在於文學作品中，更滲透在日常生活的各方面，從遺囑到信件，從公文到諺語，處處可見。

這種表達方式的誠懇與渾厚，或許可以追溯到斯堪地那維亞人的野性基因。儘管歷經時代變遷，這種野性並未完全消失，反而轉化為思維的敏捷和言談的犀利。17 世紀的詞句往往比 19 世紀的更加鋒利，這正是這種特質的生動展現。

英國詩人們的才華更是令人驚嘆，他們憑藉簡單而純粹的精神力量，就能與現代詩人累積的科學知識相抗衡。這種力量，彷彿來自於他們所飲用的「十月」奶酒，使他們能夠在秋日的詩篇中提煉出歲月的精華。

有趣的是，英國詩人們似乎深諳留白之道。他們懂得在完美中適時留下一絲缺陷，就像古希臘藝術家在花瓶或石柱上故意留下的不規則。這些看似瑕疵，反而增添了作品的魅力，使其更加引人入勝。同樣，在優美的詩句中巧妙地運用一些簡陋或粗俗的字眼，不僅不會減損詩歌的美感，反而會使其更加豐富多彩。

這種獨特的寫作風格，既展現了英國詩人敏銳的洞察力，也展現了他們充沛的創作活力。它彰顯了英國文學的本質：在簡潔中蘊含力量，在粗獷中綻放美麗。這正是英國文學的靈魂所在，也是它歷久彌新的祕密。

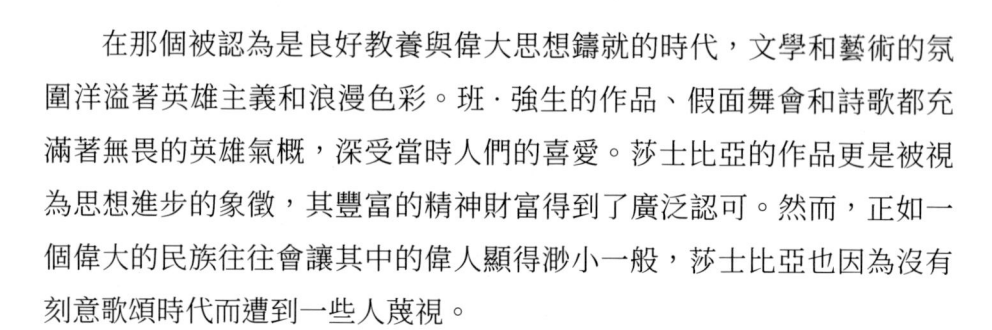

在那個被認為是良好教養與偉大思想鑄就的時代，文學和藝術的氛圍洋溢著英雄主義和浪漫色彩。班・強生的作品、假面舞會和詩歌都充滿著無畏的英雄氣概，深受當時人們的喜愛。莎士比亞的作品更是被視為思想進步的象徵，其豐富的精神財富得到了廣泛認可。然而，正如一個偉大的民族往往會讓其中的偉人顯得渺小一般，莎士比亞也因為沒有刻意歌頌時代而遭到一些人蔑視。

在那個年代，學習和研究的方式與今天大不相同。沒有現代化的工具輔助，如詞典、語法書或索引，學者們主要依靠聆聽教授講座和自身努力來掌握希臘語和拉丁文。這種學習方式要求學習者具備超強的記憶力和綜合能力，也培養了一批學識淵博的學者。

坎登、厄謝爾、塞爾登、米德、加泰克、胡克、泰勒、伯頓、本特利和布里安・沃爾頓等人都是這個時代的傑出代表。他們不僅掌握了深厚的學問，還創新了研究方法，為後世的學術發展奠定了基礎。這些學者的成就證明，即使在工具有限的情況下，人類的求知欲和智慧也能夠克服困難，推動知識的進步。

文藝復興時期的學術氛圍激發了人們對知識的渴望，也促進了批判性思維的發展。雖然那時的學習條件艱苦，但正是這種艱苦孕育出了更加堅韌和富有創造力的學者。他們的努力不僅豐富了當時的文化生活，也為後世留下了寶貴的精神財富，影響至今仍在延續。

莎士比亞：英國天才的集大成者

莎士比亞，這位文藝復興時期英國偉大的戲劇家和詩人，在文學史上留下了不可磨滅的印記。他的作品不僅展現了撒克遜人的細緻與東方人的

豪爽的完美結合,更展現了英國天才們對柏拉圖思想的繼承與發展。

在莎士比亞的時代,英國文壇呈現出豐富多彩的景象。詩人們沉浸於文字的海洋,追求美的表達;而世俗常人則專注於現實生活,關注實際問題。然而,在這兩個看似對立的群體之間,卻有一批特立獨行的思想家和文學家,他們是柏拉圖思想的忠實追隨者。

這些柏拉圖的門徒們,如湯瑪斯·莫爾、理查·胡克、法蘭西斯·培根等,他們擁護類比思維,善於發現事物之間的相似之處,並試圖掌握事物統一的發展路徑。他們的思想和創作,為英國文學注入了哲學的深度和智慧的光芒。

莎士比亞作為這個時代的佼佼者,他的作品中既有對現實的入木三分的刻劃,又有對人性本質的深刻洞察。他的悲劇展現了人性的複雜與矛盾,他的喜劇則揭示了生活的荒誕與美好。莎士比亞的語言既優美又深刻,他創造的人物形象栩栩如生,至今仍在世界舞臺上熠熠生輝。

在莎士比亞之後,英國文壇出現更多傑出的才子,如約翰·多恩、艾德蒙·史賓賽、約翰·彌爾頓等。他們或繼承莎翁的戲劇傳統,或開創新的詩歌流派,共同譜寫了英國文學的輝煌篇章。這些文學巨匠們的作品,不僅豐富了英國文化的內涵,也為世界文學寶庫增添了珍貴的財富。

培根的哲學思想:追求普遍性與基礎知識的重要性

培根作為一位終生致力於思考的哲學家,其思想體系的核心在於強調普遍性和基本哲學的重要性。他不僅僅關注哲學的某一特定領域,而是廣泛吸收各種有益的評論和思想原理,以建立一個更為宏大和深刻的

思想體系。

在培根看來，真正的發現和進步並非憑空而來，而是建立在更高層次的科學平臺之上。他堅信，若要在任何領域取得突破，就必須立足於堅實的哲學基礎。培根批評那些認為哲學和普適性知識無用的人，指出他們忽視了哲學對各行各業的指導作用。他認為，正是由於基礎知識被孤立地研究，才導致知識進步的停滯。

為了闡明自己的觀點，培根引用了許多涉及概要和普通法則的案例，並輔以詳細的註解。他對當時學術界的現狀深感不滿，認為許多人在追求更深層次的理解時常常搖擺不定，原因在於他們沒有抓住事物的本質。培根將這種現象比喻為「毀滅和冒犯大多數水性的乾火」，強調了缺乏基本哲學思考的危害。

培根的這個觀點與古希臘哲學家柏拉圖的思想不謀而合。柏拉圖認為，偉大的藝術都源於對自然法則的深入研究，偉大的思想和對事物的準確掌握也是如此。他舉例說明，古希臘政治家伯里克利之所以成為偉大的天才，正是因為他具備了這種才能，並得到了哲學家阿那克薩哥拉的指導，將純粹的智性思辨融入到實際的政治藝術之中。

培根的哲學思想啟示我們，在追求知識和創新時，不應局限於某一特定領域，而應該致力於建立廣泛的知識基礎，培養跨學科思考的能力。只有站在更高的思想平臺上，我們才能真正掌握事物的本質，推動各領域的進步與發展。

法蘭西斯・培根無疑是西方哲學史上一個獨特而複雜的人物。他的生平和思想展現了一種罕見的矛盾性，在善惡、真偽、美醜之間遊走，呈現出一種雙重人格的特質。這種複雜性使得培根成為一個難以捉摸，卻又極具吸引力的思想家。

培根的思想對後世產生了深遠的影響，開啟了一個新的思想王國。他的許多推論和觀點，如同哥白尼和牛頓的理論一樣，逐漸成為人們普遍接受的真理。然而，與這些思想的巨大影響相比，我們對培根本人的了解卻相對有限。這種現象並非孤例，在英國思想史上，許多重要的思想和理論常常可以追溯到像莎士比亞、彌爾頓、胡克等人物，甚至可以追溯到更早的海爾蒙特和伯麥。這些思想家們在某種程度上都繼承和發展了柏拉圖和古希臘哲學的傳統。

培根的一句名言：「人首先必須順從自然，然後才能征服自然」，生動地展現了他的哲學思想。這句話不僅反映了培根對科學方法的深刻理解，也展現了他對人與自然關係的獨特見解。他的「物欲相諧」的詩論更是展現了他試圖在物質與精神之間尋求平衡的思想傾向。

培根的思想影響深遠，與其他哲學家如瑣羅亞斯德、史賓賽、伯克萊等人的觀點交相輝映，共同構築了西方哲學的豐富傳統。這些思想家們各自以獨特的方式探討了存在、認知、靈魂等深奧問題，為後世留下了豐富的思想遺產。

培根的複雜性格和深邃思想，使他成為一個永恆的謎題和研究對象。他的矛盾性不僅展現在其個人特質上，也反映在其哲學思想中。這種矛盾性或許正是其思想魅力的泉源，激發了後人對真理的不懈追求。

思想的火花：伊莉莎白時代的知識圈與其影響

在伊莉莎白時代的知識圈中，出現了一批對後世產生深遠影響的思想家和科學家。這個時期雖然短暫，卻為人類思想的發展奠定了重要基

礎。從神學到政治學，從哲學到自然科學，各個領域都迸發出耀眼的智慧火花。

撒彌爾・克拉克博士從自然界的空間中尋找一神論的依據，展現了宗教與科學結合的嘗試。哈林頓則將權力與領地連繫起來，為政治理論提供了新的視角。史維登堡提出的人類創造自身天堂與地獄的觀點，則展現了個人主義思想的萌芽。

黑格爾的人類文明史觀點，將人類理想與潛意識的爭鬥作為歷史發展的動力，為後世的歷史哲學開闢了新的思路。席勒的本體論哲學則將差異簡化為量的區別，為科學研究提供了全新的思維方式。

在科學領域，萬有引力定律、克卜勒的三大協調法則和道耳吞的定比定律等重大發現，都是這個時代頭腦機靈反應的產物。這些發現不僅推動了科學的發展，也為超越經驗主義提供了有力的論據。

這些思想家和科學家並非孤立的個體，而是構成了一個知識階層或知識圈。他們的思想和發現成為伊莉莎白時代作家和讀者們的精神家園和精神食糧。雖然伊莉莎白時代在文學史上被定義為西元 1575 年至西元 1625 年的短暫時期，但其影響卻遠遠超越了這五十年的時間跨度。

正如班・約翰遜對培根的評價所示，這個時代催生了眾多智者，他們的思想和發現不僅是當時民族的驕傲，更為後世的科學研究指明了方向。這個時代的知識圈為人類思想的發展播下了豐富的種子，其影響一直延續到今天，甚至未來。

在人類文明的長河中，有那麼一個璀璨耀眼的時期，英國迎來了前所未有的才智巔峰。這個時代如同一片肥沃的土壤，孕育出了無數傑出的人才，他們的成就之輝煌，至今仍讓後人望塵莫及。

就像我們從乾涸的大地上發現古老的樹根，能夠想像出昔日蓬勃繁

盛的景象一樣，我們也可以從這些傑出人物的遺產中，窺見一個曾經燦爛輝煌但終將衰落的文明。英國才子們的命運，正是這樣的寫照。

那些曾經翱翔天際的翅膀，如今已經折斷。取而代之的是思想的狹隘和理論的膚淺。洛克的哲學成為新的標準，他對概念的膚淺理解竟然成為英國知識分子的思維模式。曾經熱愛的詩歌創作和科學探索被拋諸腦後，精神的力量逐漸消退。

後世的英國人只能在夢中追憶柏拉圖和亞里斯多德的智慧，嚮往著能夠洞察人性本質的能力。這種能力是如此深邃，即使只觀察一個人，也能準確地歸納出普遍規律，其精確度絲毫不亞於觀察千萬人得出的結論。

在這方面，莎士比亞無疑是佼佼者。他在各個方面都展現出了卓越的精神力量，包括對人性的洞察。然而，隨著時代的變遷，英國人似乎漸漸失去了理解深奧思想的能力。德國人甚至認為，英國人已經無法理解德國人的思想了。

這種才智的衰落，不僅是英國的遺憾，更是整個人類文明的損失。它提醒我們，文明的繁榮並非永恆，我們應當珍惜並努力延續那些閃耀著智慧光芒的時代。

英國思想的衰落與德國科學的崛起

在科學與思想的發展長河中，國家與民族間的此消彼長總是令人感慨。我們不得不承認，曾經在科學精神上獨領風騷的英國，如今卻顯得有些力不從心。德國人似乎更好地繼承和發揚了這種精神，而英國人則漸漸失去了往日的光彩。

英國人的表現，就如同一位平庸的將軍，只懂得依靠龐大的軍隊和綿延的防線來鼓舞士氣、指揮戰鬥。他們的概括能力明顯衰退，難以洞察事物的普遍性。用培根的話說，他們只會從「基本哲學」的噴泉邊盛水自用，卻不去探究泉水的源頭。值得一提的是，在英國散文作家中，培根可能是唯一具備這種洞察力的人。

隨著時間的推移，這種能力在英國文學界逐漸消失。彌爾頓的作品中，詩歌尚能看到一絲影子，但散文中已蕩然無存。在其後很長一段時間裡，這種才能似乎在英國絕跡了。即便是伯克，雖然熱衷於概括一般原理，但他的觀點過於簡單，思想深度不足，範圍也極為有限。

休謨的抽象思維同樣顯得膚淺而不明智。他僅憑敏銳的觀察力贏得了聲譽，但其核心觀點——認為無論在物理還是思想層面，因果關係都是不存在的——似乎有失偏頗。他認為，因果這個術語只是我們隨意或無根據地用來表示事物之間連繫的詞語，而非表示真正原因的連線詞。

約翰遜博士的文章主要價值在於其意境，但在抽象思維方面幾乎毫無建樹。這些例子都印證了英國思想界普遍存在的問題：缺乏深度思考和概括能力。相比之下，德國科學界似乎更好地繼承和發展了英國曾經引以為傲的科學精神，展現出蓬勃的生機與活力。

哈勒姆先生，這位才華橫溢的學者，以其三百年歐洲文學史的著作展現了非凡的抱負。然而，正如每個時代的文學評論家一樣，他的視野也難免受到了自身背景和時代的局限。

從倫敦出發的評判標準，無疑使哈勒姆的作品成為一個「舊瓶裝新酒」的典範。他對文學創作廣泛要素的否定，以及對柏拉圖學派的抵制，都反映了他思想中的某種固執。這種固執或許源於他堅定的信念，但也可能阻礙了他對文學更全面、更深入的理解。

哈勒姆先生的評論風格彬彬有禮，思想堅定，胸懷寬闊，這些特質使他贏得了廣泛的尊重。然而，他似乎缺乏對神祕主義者的同情理解，忽視了這些「不被理解的理想主義者」所蘊含的深層價值。這種價值往往是革命的火種，遠超當時聲名顯赫的正統作家，但哈勒姆卻往往對此視而不見或一筆帶過。

　　作為一個博學、誠實、嗜書如命的學者，哈勒姆無疑是值得敬佩的。他自信能夠領會莎士比亞的偉大，對彌爾頓的欣賞更勝約翰遜，這種自信既是他的優點，也可能是他的局限。

　　在哈勒姆身上，我們可以看到英國知識分子的某些共性：聰明、閱歷豐富、以創作為生，同時又帶有懷舊情結。這種特質使他們在面對全新的思想觀念時，常常難以及時辨識並歡呼迎接。

　　然而，正是這種矛盾造就了哈勒姆這樣的文學評論家。他們的局限性和偉大性並存，為後世留下了豐富的文學評論遺產，也為我們提供了理解某個特定時代文學觀念的窗口。

英國文壇的世俗轉向：從理想主義到實用主義

　　19世紀的英國文壇經歷了一場巨大的思潮轉變，從浪漫主義的理想色彩逐漸走向現實主義的世俗關懷。這個轉變不僅展現在文學作品中，更深刻地影響了整個社會的價值觀念。

　　狄更斯以其獨特的視角，描繪了倫敦市井生活的各方面。他的作品如同一幅生動的風俗畫，以細膩入微的筆觸捕捉普通人的喜怒哀樂。然而，這種描述也不可避免地帶有某種地域局限性，難以超越特定時空的束縛。

布林沃的創作則反映了另一種傾向。他試圖透過推崇智力來喚起讀者的現實理想，但這種做法在某種程度上也迎合了當時社會的低階趣味。薩克雷則更進一步，他認為必須放棄理想主義，面對倫敦的現實。這種態度某種程度上反映了當時英國知識分子的普遍心態。

麥考利的觀點則更加直白地表達了英國統治階級的價值取向。他將物質享受等同於「好」，將經濟發展視為現代哲學的最高榮耀。在他看來，培根哲學的優越性就在於它擺脫了理想主義的束縛，轉而關注實際利益。這種思想甚至將天文學的價值簡化為其對航海技術的提升，進而促進商業發展。

這種價值觀的轉變導致道德的淪喪和知識分子精神的衰落。批評家們用崇尚實用的說辭掩飾了他們的懷疑主義，而浪漫主義則被視為一種不切實際的幻想。在這種氛圍下，美僅僅被當作一種奢侈品，失去了其本身的價值。

然而，我們不應忽視培根本人的貢獻。正是他的想像力和超脫世俗的思考，使他成為一位不可忽視的哲學大師。這也提醒我們，即使在功利主義盛行的時代，人類的精神追求仍然不應被完全遺忘。

在英國思想史的長河中，每一位哲學家都如同一顆璀璨的明珠，閃耀著獨特的光芒。然而，我們不應僅僅關注他們的顯赫地位，而忽視了他們之間的傳承與影響。以培根為例，雖然他的聲名遠播，但他對後世的影響並非源於他所創立的功業，而是來自於他特有的嚴謹和善變的思維方式。

這種影響在後來的虎克、波以耳和哈雷等科學家身上表現得更加突出。他們繼承了培根的科學精神，將其發揚光大，為英國的科學發展做出了重大貢獻。這種思想的傳承，正是英國學術界的一大特色。

然而，隨著時代的變遷，英國思想界也面臨著新的挑戰。有人曾感嘆英國再難培養出如往昔般的天才智者，但柯勒律治的出現給了人們希望。這位天資聰穎、求知若渴的思想家，以其獨特的視角和深刻的洞察力，在當時的學術界獨樹一幟。

柯勒律治的一生可謂命運多舛。他心存高遠，卻在實踐上屢屢失當，甚至終其一生都未能完成一部代表作。這似乎預示著一個時代的結束，也反映出英國思想介面臨的困境。

儘管如此，柯勒律治身上仍然展現出典型的英國人特性。他試圖將永恆的理念與英國國教的教規教義協調一致，這種嘗試雖然使他在某種程度上「變得心胸狹窄」，但也展現了英國思想家獨特的思維方式。

值得注意的是，儘管柯勒律治在英國本土的影響力有限，但他的思想在德國和美國卻得到了應有的尊重。這個現象或許反映出，一個民族的思想高度並不總是能在本土得到充分的認可和理解。

正如婆羅門哲學的衰落象徵著一個民族的衰落一樣，一個國家是否能夠培養出具有深刻洞察力和獨立思考能力的思想家，也在某種程度上反映了這個國家的文化實力。因此，我們應該珍視像柯勒律治這樣的思想家，他們的存在不僅豐富了英國的思想文化，也為整個人類文明的發展做出了貢獻。

時代洪流中的思想之光

在 19 世紀的思想潮流中，一股特殊的力量正悄然湧動。這股力量源於對腐敗和窒息的反抗，卻又在寫實主義的浪潮中找到了自己的立足之地。卡萊爾雖然厭惡繁瑣和偽善，卻被迫為命運女神發聲。在這樣的背

景下，任何形式的制約與清廉都顯得彌足珍貴，即便是熊熊烈火，也散發著令人讚嘆的美麗。

在這個時代，思想家們努力在混沌中尋找秩序。他們將各種思想分門別類，試圖在紛繁複雜的現實中找到某種規律。有些人將復仇女神塑造成和藹可親的形象，有些人則為神靈築起祭壇。這些舉動都反映了人類在面對命運時的無力感，以及對超自然力量的敬畏。

維爾金森的思想在這個時代中顯得尤為獨特。他不僅編輯過《史維登堡》，評註過《傅立葉》，還支持哈內曼的理論。他將普遍關係原理引入玄學和生理學，為這些領域注入了新的活力。維爾金森的思維就像大西洋海底的暗流，深邃而富有力量。要理解他的思想，就必須將其置於顯赫的中心地位。

然而，維爾金森的思想也受到了傳統偏見的限制。如果他能夠突破這些束縛，他的思考範圍或許會更加廣闊。這也反映了一個普遍的現象：當一位大師對自己的信仰堅信不疑時，他往往會將自己的研究行為視為同等重要。

在這個充滿矛盾和衝突的時代，思想家們努力在混亂中尋找意義，在腐敗中尋找純潔。他們的思想如同黑暗中的燭光，雖然微弱，卻為後人指明了前進的方向。

英國人的思想世界如同一幅多彩斑斕的畫卷，既有局限性的陰影，也有獨特風格的光彩。若我們超越地域和觀念的桎梏，深入大眾文化或知識階層的核心，便會發現無窮無盡的高雅、快樂、睿智、機敏和博學。

然而，英國文學作品中常見的某些應景手法，往往流於老生常談或粗製濫造。他們的文學聲響某種程度上是由那些極具說服力、追逐時

尚、職業多變的人物推崇而來，這些人的文壇之路往往純屬偶然。這或許能解釋為何當今雄心勃勃的年輕人紛紛投身地質學研究，其動機與許多議員或神職人員如出一轍。

英國人對實用技能的偏愛深深影響了他們的民族心理。他們自詡才高八斗，歌詞中處處流露對五大技能的讚美。然而，他們的繆斯女神之聲如輕微的汽笛，詩歌創作往往淪為粉飾君主政體的工具，缺乏如清晨啼曉小鳥般對美好未來的憧憬與對過往的超越。

英國人的性格特徵中包含了理想主義、固守成見和剛愎自用。他們堅信自己可以長命百歲，依靠記憶度過晚年。有趣的是，即便你直言不諱地指出這些特質，他們也會欣然接受，視之為讚美。

這種獨特的民族性格塑造了英國文化的獨特風貌，既有其迷人之處，也不乏值得反思的地方。透過審視這面文化印象，我們得以更深入地理解英國人的思維方式和價值觀念，進而洞察這個國家在世界舞臺上的角色和影響。

英倫智慧的囚籠：科學與人文的失衡

在這個繁華的時代，英倫島卻陷入了一種奇特的困境。曾經輝煌的科學界如今變得黯淡無光，猶如一群在加利福尼亞礦場中四處碰運氣的礦工。這片土地上的學生們失去了前進的方向，科學實驗也難以預料結果，整個科學研究氛圍籠罩在一片迷霧之中。

英國人的視野似乎被某種無形的力量所束縛，他們安於現狀，對新事物充滿戒心。在哲學和宗教的掩護下，他們對異端思想嗤之以鼻。政治上，他們只顧眼前利益，缺乏長遠規劃。這種功利主義的思想侵蝕著

英國社會的各方面，導致精神生活日漸衰退。

然而，當英國人試圖將自己的生活方式強加於他國時，卻又對外來文化心存恐懼。他們企圖用物質文明來同化他人的精神世界，卻又擔心這種做法可能會反噬自身，動搖他們賴以生存的制度根基。

藝術家們感嘆自己被時代所拋棄，學者們也不得不隨波逐流。人們用輕浮的態度來逃避嚴肅的話題，似乎已經放棄了對自由的追求。實用主義和安逸的生活方式扼殺了英國人最後一絲成為豪俠和詩人的可能。

在這樣的氛圍下，詩人不敢歌頌美，神職人員也不敢質疑既定的宗教觀念。整個英倫島彷彿變成一座由功利、規則和市場邏輯堆砌而成的火山，隨時可能爆發。這種精神困境不僅影響了科學和藝術的發展，更深刻地改變了整個民族的性格和精神面貌。

在知識海洋中，英國似乎已經迷失了方向。曾經燦爛輝煌的學術殿堂，如今卻籠罩在一片死氣沉沉的氛圍之中。書店的架子上堆滿了各類專業書籍，但卻找不到能夠激發靈感、點燃希望的作品。彷彿整個國家的智慧之泉已經枯竭，曾經引以為傲的創造力和洞察力不知何時悄然消逝。

英國學者們似乎將自己局限在了一個狹小的思維空間裡。他們只願意使用自己才智的四分之一，將剩下的四分之三小心翼翼地封存起來，生怕它們會打破現有的秩序。這種自我設限的態度導致知識的片面性和膚淺化。他們或許在某些領域學識淵博，推理嚴謹，但卻缺乏了那種對真理孜孜不倦的追求精神，缺乏了勇於挑戰權威、推陳出新的勇氣。

最令人扼腕的是，這種僵化的思維方式甚至滲透到了自然科學領域。英國的科學家們似乎忘記了大自然的奇妙與神祕，將其簡化為冰冷的數據和公式。他們的研究缺乏詩意和想像力，將生命體從其生存環境

中孤立出來研究，忽視了萬物之間的連繫和整體性。這種做法使得科學失去了其本應具有的魅力和生命力，淪為了一種「偽科學」。

然而，並非所有的希望都已經消失。在這片似乎已經荒蕪的土地上，仍有一些傑出的科學家如約翰·亨特、羅伯特·布朗和理查·歐文等人，堅持著自己的理想，為英國科學注入新的活力。他們的工作展現了科學應有的深度和廣度，為後人指明了方向。

與之形成鮮明對比的是德國學者們的風采。他們保留了古希臘人那種對知識的熱情和探索精神，善於運用類比思維，視野開闊，思想熱烈。他們的研究不僅關注歐洲，更著眼於全人類的發展。

英國需要重新審視自己的學術傳統，打破思維的桎梏，讓科學與人文精神重新融合。只有這樣，才能重現昔日的學術輝煌，為世界貢獻真正有價值的智慧結晶。

詩魂的覺醒：回歸自然與崇高

在這個物質至上的時代，我們似乎迷失了方向。我們追求的不再是知識的深度，而是表面的光鮮亮麗。我們不再臣服於自然的偉大，反而試圖用人工的雕琢來取而代之。這種趨勢不僅壓抑了我們的想像力，還讓我們的感官和理智陷入了一種不健康的亢奮狀態。

如今的詩歌，曾經人類靈魂的窗口，卻淪為了一種裝飾品。波普的詩作不過是精緻的糕點，華特·史考特的長篇敘事詩則更像是韻律優美的旅遊指南。我們翻閱了無數格律嚴謹的詩集，卻很少能從中獲得真正的啟發和心靈的昇華。

我們內心深處渴望一種神奇的美，一種工廠和作坊無法創造出來的

美。這種美是喬叟和查普曼所洞悉的神祕之美，是超越言語的境界。當代詩歌中，雖然偶爾能看到華茲渥斯的嚴肅，拜倫的熱情，或是丁尼生的精巧，但真正能引領我們走向精神高峰的作品卻寥寥無幾。

英國文學中不乏經典名句，它們依舊閃耀著智慧的光芒。但能夠為這些偉大傳統做出重大貢獻的當代詩人卻屈指可數。我們不禁要問：現在的英國詩壇，還能找到真正的盛宴嗎？

我們似乎忘記了，詩歌的本質是精神的展現。沒有這種精神核心，再生動的描寫、再豐富的想像力也無法超越散文的界限。那些偉大的古代詩人，就像希臘的藝術家一樣，更注重創作的整體構思，而非單純追求形式上的完美。他們的使命是開啟詩歌的神聖泉源，讓更多的詩意湧現。

如果我們能在詩歌中重新發現這種信念，激發我們追求崇高的目標，那麼我們的生活態度必將更加沉穩、堅定。在這個過程中，我們也會更加需要詩歌，因為它能引導我們回歸自然，重拾對知識的敬畏，喚醒我們內心沉睡已久的詩魂。

在 19 世紀英國文學的天空中，華茲渥斯和丁尼生猶如兩顆璀璨的明星，各自以獨特的才華照亮了詩歌的殿堂。華茲渥斯以其對自然的深刻體悟和孤僻的性格，在喧囂的時代中唱響了一曲清新脫俗的歌謠。他的作品猶如一股清流，在功利主義盛行的社會中，為人們帶來了一絲純淨和慰藉。然而，華茲渥斯的詩作也不無缺陷，其中最為明顯的是音律和情感表達的生澀。

與之形成鮮明對比的是丁尼生，這位音律大師以其敏銳的聽覺和精湛的技巧，創作出了如晨曦般絢麗多彩的詩篇。丁尼生的作品宛如一幅幅流動的畫卷，以其獨特的韻律和意象打動了無數讀者的心靈。他立

志成為英國人民的詩人，試圖以倫敦般博大的胸懷來擁抱整個民族的情感。

然而，即便是丁尼生這樣的大師，也未能完全擺脫時代的局限。他雖然成功地描繪了英國人的形象，但缺乏一個真正宏大而深邃的主題，無法將生命和宇宙的奧祕完全展現在讀者面前。這種局限性反映了當時英國詩壇的普遍狀況 —— 總體風格趨於保守，創新不足。

儘管如此，我們仍然應該感激這些優秀詩人的貢獻。他們的作品，無論是華茲渥斯的自然頌歌，還是丁尼生的音律盛宴，都為英國文學增添了不朽的篇章。他們的成就提醒我們，真正偉大的詩歌不僅需要動人的旋律，更需要深刻的思想和勇於創新的精神。在欣賞這些詩人優美文字的同時，我們也應該期待未來會有更多突破性的作品出現，為詩歌藝術開闢新的境界。

東、西方文化的碰撞與融合

在這個充滿矛盾與衝突的世界裡，東、西方文化的交會如同兩股洪流在時間的長河中相遇。牛津人的理性與伊斯蘭教徒的熱情，恰如冰與火的對比。然而，正是這種對比，為我們揭示了一個更為廣闊的思想世界。

英國人的生活方式，儘管優雅時髦，卻也不免陷入物質主義的泥沼。他們對思考的厭惡，對智力活動療效的忽視，無疑是一種可悲的局限。相比之下，東方文化的博大精深，如同一股清泉，漸漸滲透進這片乾渴的土地。

這種文化的交融並非一蹴而就。它如同一場震撼人心的風暴，讓許

多英國人感到不知所措。然而，正如相對論所揭示的那樣，文化的碰撞往往能激發出意想不到的火花。華倫‧黑斯廷斯的《薄伽梵歌》譯本，正是這種文化交流的璀璨結晶。

黑斯廷斯的態度無疑是值得欽佩的。他拋開了固有的偏見，以開放的心態擁抱異域的智慧。他明白，要真正理解一種文化，就必須暫時擱置自己的價值觀，用一種全新的視角去審視。這種勇氣和智慧，正是文化交流的根本。

東、西方文化的碰撞，絕不僅僅是一場簡單的對抗。它更像是一場深層次的對話，一次思想的盛宴。在這場交流中，我們或許能夠找到解決當代社會痼疾的良方，發現一種更為包容、更富人性的生活方式。畢竟，正如哈菲茲所言，我們需要「打破這該死的天花板，建立新的窗體」。這個新的窗體，或許就是東、西方文化交融後的嶄新世界。

在英國文化的深處，存在著一種獨特的二元性，它既是矛盾的泉源，也是創新的動力。這種二元性不僅展現在階級、種族或地域的差異上，更深刻地反映在思維方式和價值觀念上。我們可以將之概括為理智派與實用派的對立與融合。

理智派代表了英國文化中的菁英階層，他們是少數但影響深遠的群體。這些人擁有敏銳的洞察力，能夠欣賞知識分子的才華，並能準確掌握歷史的脈搏。他們的存在如同一縷清風，為英國社會注入了活力和希望。儘管他們的聲音有時顯得微弱，但卻如同上帝的低語，引導著整個民族的精神方向。

與之相對的是數量龐大的實用派。他們專注於眼前的利益，往往被描述為「忘恩負義、過河拆橋並依才牟利」。然而，正是這種務實的態度，使得英國在工業革命和經濟發展中占據了領先地位。

這兩種思維方式的碰撞與融合，形成了英國文化的獨特景觀。理智派如同天才，以其遠見卓識指引方向；實用派則如同畜力，以其踏實勤勉推動發展。儘管在數量上存在懸殊差距，但兩者的長期互動造就了英國政府的權力基礎和社會的穩定發展。

值得注意的是，這種二元性並非靜止不變的。相反，它是一個動態的過程，兩種力量不斷相互影響、相互制衡。這種張力既是英國文化的特色，也是其生命力的來源。它使英國能夠在保持傳統的同時不斷創新，在追求實際利益的過程中不忘精神追求。

英倫文學魂：從莎翁到民謠，平凡中的非凡

愛默生眼中的英國精神

　　愛默生作為一位敏銳的觀察者，對英國人的國民性格有著獨到的見解。他認為英國人面對既成事實時，往往採取務實而非理想主義的態度。這種特質展現在他們處理問題時，更注重行動而非思辨，更重視能力而非理念。

　　這種實用主義精神在某種程度上限制了英國人的想像力和追求理想的熱情。愛默生曾評論說，英國人「只滿足命運，而不追求天堂」。這句話生動地描繪了英國人腳踏實地、安於現狀的性格特徵。

　　然而，愛默生對英國文化並非全然批評。他欣賞英國文學中的簡潔有力，特別是撒克遜風格的直白表達。這種偏好也影響了他自己的寫作風格。愛默生追求使用平實易懂的語言，以確保他的思想能被廣泛理解。

　　在創作過程中，愛默生逐漸意識到形式與內容的平衡重要性。早期他更注重表達思想的力度，後來則開始重視文字的節奏感。這種演變反映了他作為作家和思想家的成長。

　　愛默生的語言觀也展現在日常生活中。他鼓勵家人使用更樸素、源自撒克遜的詞彙，而非拉丁語源的「高級」詞語。這種選擇不僅是語言偏好，更反映了他對民主、平等理念的推崇。

　　整體而言，愛默生對英國文化的觀察和評論，既包含批評也有欣賞。他的視角幫助我們更全面地理解英國精神，同時也反映了他自己的價值觀和美學取向。透過比較和反思，愛默生不僅描繪了英國文化的特

點,也闡明了自己對於語言、文學和思想的獨特見解。

在 16 世紀末至 17 世紀初的英格蘭,一群傑出的學者如群星般冉冉升起,他們的智慧之光照亮了那個時代,也為後世留下了寶貴的精神財富。這些學者涉獵廣泛,從神學到歷史,從法律到哲學,無一不精。

威廉·坎登以其《伊莉莎白王朝年鑑》為我們勾勒出了伊莉莎白一世統治時期的英格蘭圖景,為後世研究這段歷史提供了珍貴的第一手資料。而愛爾蘭高級教士詹姆斯·厄謝爾則潛心研究聖經年代學,他的《舊約全書和新約全書的紀年》試圖建立一個從創世紀到啟示錄的精確時間表,雖然現今看來不盡準確,但其嚴謹的治學態度值得欽佩。

被譽為「英國最偉大的學術權威」的約翰·塞爾登,其《漫談錄》記錄了他在各個領域的見解,涵蓋政治、宗教、歷史等諸多方面,展現了他淵博的學識和敏銳的洞察力。神學家約瑟夫·米德則致力於解讀《啟示錄》的奧祕,他的《啟示錄的鑰匙》為後世的聖經研究提供了新的視角。

湯瑪斯·加泰克不僅是一位神學家,還是一位古典學者。他編撰了羅馬皇帝馬可·奧里略的手稿,並撰寫文章宣揚禁慾主義,展現了他對古典智慧和基督教義的雙重追求。理查·胡克的《教會政體》則是英國國教會的重要著作,為英國教會的組織結構提供了理論基礎。

這些學者的著作和思想,如同珀西那樣的英雄,以其獨特的方式捍衛著知識和真理。他們的貢獻不僅僅在於留下了豐富的著作,更在於其孜孜不倦的求知精神和嚴謹的治學態度,為後世樹立了榜樣。在那個動盪的年代,他們用智慧之光照亮了前行的道路,成為真正的學者之光。

十七世紀英國的文學巨擘：從泰勒到沃爾頓

　　十七世紀的英國文壇可謂人才輩出，其中幾位文學巨擘的作品至今仍被廣泛傳誦。傑里米・泰勒（西元 1613 — 1667 年）無疑是這個時代最耀眼的明星之一。作為查爾斯一世的教堂牧師，泰勒的文字功力可謂爐火純青。他的《預言自由》、《偉大的典範》等著作不僅展現了他深厚的神學造詣，更以其優美的文筆贏得了廣泛讚譽。尤其是他的《聖潔的生死》，更是被視為宗教文學的經典之作。

　　泰勒的才華得到了後世文人的一致認可。愛默生在〈問題〉一文中對泰勒推崇備至，稱他為「年輕人中的菁英或典範」，更將他比作「聖人中的莎士比亞」。這樣的讚譽無疑印證了泰勒在文學史上的重要地位。

　　與泰勒同時代的羅伯特・伯頓（西元 1576 — 1640 年）同樣是一位不可忽視的文學巨匠。他的鉅作《憂鬱的剖析》不僅在當時引起轟動，更成為後世文人反覆研讀的經典。這部作品甚至讓以挑剔著稱的約翰遜博士都感到興奮不已，而浪漫主義詩人拜倫更是認為書中的各種引用和經典逸事最具啟發意義。

　　除了泰勒和伯頓，這個時代還出現諸如理查・本特利（西元 1662 — 1742 年）和布里安・沃爾頓（西元 1600 — 1661 年）等學者型作家。本特利以其對古典著作的研究和評論而聞名，而沃爾頓則以編纂《多語聖經》的壯舉震驚學界。這些學者的工作為後世的文學研究奠定了堅實的基礎。

　　十七世紀的英國文壇可謂百花齊放，這些文學巨擘的作品不僅豐富了當時的文化生活，更為後世留下了寶貴的精神財富。他們的成就證明，文學的力量可以超越時空，在數百年後依然能夠觸動人心。

愛默生眼中的英國精神

心靈與物質的舞蹈：愛默生的哲學視角

　　在探索人類思想與自然界奧祕的漫長旅程中，我們不禁被那些能夠以獨特視角洞察世界的智者所吸引。愛默生無疑是這樣一位智者，他的思想如同一盞明燈，照亮了 19 世紀美國哲學與文學的天空。

　　愛默生的世界觀深受貝克萊主教理想主義哲學的影響。在寫給富勒女士的信中，他生動地描繪了自己如何在童年時期首次領悟到貝克萊哲學的深意，那種喜悅之情自此便縈繞心頭，終生未曾消退。這種哲學觀點使他能夠在最平凡的事物中看到深邃的意義，彷彿整個世界都在向他傾訴著存在的奧祕。

　　愛默生的想像力是如此豐沛，以至於在他眼中，每一截殘根、每一塊泥土都有其獨特的存在理由。他那奇思妙想的能力更是驚人，能夠使破舊的馬車、普通的木柴，甚至是路邊的石頭都彷彿有了生命，搖擺起舞。這種對世界的神奇感知，不僅僅停留在自然界，甚至延伸到了人類社會。愛默生戲言，若給他一個恰當的位置，連康科德鎮上那些看似穩重的管理者們，也會在他的想像中搖搖欲墜，顯得飄渺不定。

　　這種獨特的世界觀，反映了愛默生對於物質世界與精神世界之間深刻連繫的洞察。在他看來，所有的存在都是相互關聯的，都蘊含著深刻的意義和美。這種思想不僅豐富了美國的文學傳統，也為後世的哲學思考提供了寶貴的啟發。

　　愛默生的這種觀點，與歷史上許多偉大的思想家形成了有趣的對話。例如，16 世紀末 17 世紀初的佛蘭芒醫生和科學家海爾蒙特，就曾在其著作中探討過物質世界與精神世界的關係。這種跨越時空的思想共鳴，正是人類智慧的璀璨光芒。

19世紀的英美文壇呈現出一幅豐富多彩的文化交流畫卷。透過斯特林、愛默生等文學巨匠的書信往來，我們得以窺見當時英美兩國文學界的互動與思考。

斯特林在1841年的一封信中提到，20年前的英國文壇對德國文學的熱情不亞於當時對中國文學的關注。這個現象反映了英國文學界對外來文化的開放態度和求知欲。愛默生在回信中表達了對英國文學現狀的欣慰，同時也指出了一個有趣的現象：英國知識界似乎更看重德國的近代文化，而非本土文化。這種觀察揭示了當時文學界的一種普遍傾向──對異國文化的追捧可能超過對本國文化的重視。

愛默生本人的閱讀經歷也頗具代表性。20歲時，他接觸到休謨的作品，並對其思想產生了強烈的質疑。這種批判性思考展現了愛默生作為一個知識分子的獨立思考能力。有趣的是，愛默生對於同時代的英國作家卻並不熱衷。例如，他對狄更斯的作品興趣寥寥，只讀過其早期的一、兩部作品。

1837年，愛默生在日記中對文學創作提出了自己的見解。他認為，真正的天才作家只需要少量的素材就能創作出偉大的作品，而繁冗的作品往往內容雜亂。這個觀點可能解釋了他對狄更斯作品缺乏興趣的原因。愛默生進一步闡述了普通作家與大藝術家之間的區別：前者的作品如同日常生活的片段，而後者則能將這些素材昇華為藝術殿堂的基石。

這些文學巨匠之間的交流和思考，不僅反映了19世紀英美文壇的狀況，更為我們提供了一個理解文學創作本質和文化交流重要性的視角。

愛默生眼中的英國精神

愛默生的文學批評：深入剖析維多利亞時期小說

愛默生作為一位敏銳的文學評論家，他對維多利亞時期的文學作品有著獨到而尖銳的見解。在他的記事本中，我們可以窺見他對當時著名小說家作品的深刻分析和犀利批評。

對於狄更斯的《孤雛淚》，愛默生承認作者在細節描寫上的才能，讚揚其對人物外貌、環境描繪的精準觀察。然而，他也指出狄更斯在刻劃人物內心世界方面的不足。愛默生認為，狄更斯過於依賴戲劇性的情節和煽情的手法，如過度使用虐待、暴力和懺悔等元素，試圖引起讀者的道德共鳴，但這種做法並不能真正深入人物的靈魂。

愛默生進一步批評道，狄更斯的對話缺乏生氣，人物在交談時變得呆板，如同木頭或石頭。他還指出整部作品缺乏詩意，即使偶有閃現，也很快消失無蹤。這些評論揭示了愛默生對文學作品的高要求，他期待看到的是能夠深入刻劃人性、富有詩意和生命力的作品。

轉向愛德華·布林沃—李頓的《詹諾尼》，愛默生的批評更為嚴厲。他將這類小說家比作「最奢華的牧師」，認為他們的作品充滿花招和騙局，將日常瑣事誇大為偉業，既缺乏新意又乏味無趣。愛默生尖銳地指出，布林沃—李頓的寫作如同糖果店的簡單加工，而非精心培育的新麥種。

愛默生特別不滿的是布林沃—李頓急於表達個人偏見，以及其筆下缺乏真實生命力的角色。他將《詹諾尼》比作倫敦的政治力量，認為它代表了一種以暴力和謀殺為手段的所謂「神聖權力」。

這些評論不僅展現了愛默生對文學作品的高標準，也反映了他對社會現實的深刻思考。透過批評這些廣受歡迎的作品，愛默生表達了他對

真正優秀文學的期待：它應該能夠深入人性，富有詩意和哲思，而不是淪為廉價的娛樂或政治工具。

愛默生與薩克雷的相遇，如同兩個時代的交會。這位美國思想家對英國作家的觀察，不僅僅是對一個人的評價，更是對整個時代精神的深刻反思。

愛默生在西元 1850 年的記事中提到薩克雷的《浮華世界》時，流露出一種複雜的感受。他認為書名本身就帶有一種哀婉之意，而書中人物的命名更是強化了這種情緒。這種命名方式似乎暗示著作者對社會現實的深刻洞察和批判。

有趣的是，愛默生將薩克雷與兩百年前的清教徒作家班揚相提並論。他認為薩克雷對西元 1850 年倫敦的描繪，與班揚對西元 1650 年倫敦的認知同樣準確。這種跨越兩個世紀的文學共鳴，反映出人性和社會問題的某些本質可能並未隨時間而改變。

愛默生注意到，儘管薩克雷被視為懷疑主義者，但他的作品中仍然透露出對某些幻想的忠誠。這種矛盾性或許正是薩克雷作品的魅力所在，也是其對社會現實的深刻反思。

在愛默生的記事中，他還提到了薩克雷作品中所反映的一種獨特文學思想：經濟衰退與道德敗壞之間的關聯。這種觀點與當時盛行的經濟決定論有著異曲同工之妙。愛默生引用道富街（象徵金融界）的觀點，進一步闡釋了這個思想：富足時行善容易，貧困時難免為惡。

這段記事不僅展現了愛默生對薩克雷作品的深入理解，也反映了 19 世紀中葉知識分子對社會現實的思考。透過愛默生的視角，我們得以一窺當時文學、哲學與社會思潮的交織狀態，為我們理解這個時期的思想氛圍提供了寶貴的視角。

愛默生眼中的英國精神

思想交流的光輝時代：跨越大西洋的友誼

在十七世紀末至十九世紀初，歐洲和美國湧現了一批傑出的科學家、哲學家和文學家，他們的思想和成就不僅影響了當時的社會，更為後世留下了寶貴的精神財富。這個時期可謂是思想交流的光輝時代，其中最引人注目的莫過於跨越大西洋的友誼。

在科學界，我們看到了羅伯特・虎克、羅伯特・波以耳和愛德蒙・哈雷等人的身影。虎克作為數學家和物理學家，與牛頓在萬有引力定律的發現上有過爭執，這種學術交鋒恰恰推動了科學的進步。波以耳不僅是物理研究員，還是一位博學的作家，被稱為「基督教哲學家」，展現了科學與信仰的和諧統一。哈雷作為牛頓的朋友，更是出資出版了牛頓的《自然哲學的數學原理》，這種學術上的友誼和支持為科學發展注入了強大動力。

在文學界，我們看到了柯勒律治、卡萊爾和愛默生之間深厚的友誼。柯勒律治的才華橫溢卻英年早逝，引發了卡萊爾的感慨。而卡萊爾與愛默生之間的書信往來，不僅展現了他們對彼此作品的欣賞，更展現了他們對時代和人生的深刻思考。

卡萊爾對愛默生的建議——「沉默：平靜地坐下來，然後少說話，多做事」——反映了他們對於如何在紛擾的時代中保持內心平靜、提高工作效率的思考。這種建議不僅影響了愛默生的創作，也為後世留下了寶貴的處世智慧。

愛默生在英國記事中寫下的話語：「一個健談者也會詆毀健談者；一個作家竟然反對寫作；成果纍纍，而精粕全無，責罵之聲不絕於耳，充耳不聞自怡然。此事豈不怪哉！」這段充滿哲理的文字，展現了他對卡

萊爾建議的理解和反思，也展現了他獨特的思維方式和幽默感。

這些跨越時空和地域的思想交流，不僅豐富了當時的學術和文化生活，更為後世留下了寶貴的精神遺產，啟發著一代又一代的學者和思想家。

愛默生對英國人的藝術觀察不僅深刻，更揭示了這個民族的獨特性格。英國人似乎天生就對權力和實用性有著強烈的偏好，這種傾向不可避免地影響了他們的藝術品味和創作能力。

在愛默生眼中，英國人對藝術的態度可以用「實用主義」和「商業思維」來概括。他們並非完全無視藝術的價值，而是將藝術視為一種可以購買的商品，一種彰顯地位和品味的工具。這種觀念導致英國藝術界長期以來對外來藝術的依賴和模仿。

愛默生指出，英國在音樂、繪畫、雕塑等領域都缺乏原創性。他們更願意接受和欣賞已經成名的義大利或德國作品，而不是致力於培養本土的藝術創新。這種現象反映了英國人務實的一面：只要能達到目的，他們並不在意藝術品的來源。

然而，愛默生也承認英國確實有一些符合其民族特性的藝術家。霍加斯、威爾基和蘭西爾等人的作品展現了英國人所推崇的幽默、樸實和誠實特質。這些藝術家雖然可能缺乏宏大的藝術抱負，但他們的作品更貼近英國人的日常生活和審美情趣。

整體而言，愛默生的觀察揭示了英國藝術界的一個悖論：一方面，他們渴望擁有高雅的藝術品味；另一方面，他們又難以擺脫實用主義的思維模式。這種矛盾或許正是英國藝術長期以來難以在國際舞臺上占據主導地位的原因之一。

然而，我們也不能忽視愛默生評論中可能存在的主觀性和時代局限

性。隨著時間的推移，英國藝術界也在不斷發展和創新。也許，正是這種對藝術的務實態度，反而為英國在某些藝術領域（如文學和戲劇）的蓬勃發展埋下了獨特的種子。

文學評論與社會觀察的交織

愛默生的記事為我們提供了一個獨特的視角，讓我們得以窺探 19 世紀中後期英美文化和思想的差異。他對美國人和德國人擁有「寬廣知識面」的觀察，以及英國人思維方式的評論，反映了當時社會知識結構和思維模式的特點。這種比較不僅展現了愛默生敏銳的洞察力，也為我們理解不同文化背景下的思維特徵提供了線索。

威廉．莫里斯的出現象徵著一個新時代的到來。他不僅批評了當時盛行的上等家具風格，更重要的是提出了實用與美觀並重的家居理念。莫里斯對美化家居環境的獨特見解，展現了他對生活美學的追求，同時也反映了那個時代人們對生活品質日益提高的需求。

愛默生對華茲渥斯和丁尼生的評論則為我們展示了 19 世紀文學批評的一個側面。他將華茲渥斯描繪成一位充滿男子氣概、真實表達情感的詩人，而丁尼生則被視為技巧精湛但缺乏同等氣概的創作者。這種對比不僅展現了愛默生對詩歌本質的理解，也反映了當時社會對男子氣概的某些期待。

透過這些觀察和評論，我們可以看到 19 世紀中後期知識分子對社會、文化和藝術的思考。它們不僅是對當時現象的紀錄，更是一種對生活方式、審美標準和文學創作本質的深入探討。這些思考至今仍具有啟發意義，幫助我們更容易理解那個時代的精神面貌。

《泰晤士報》：英國民主的守護者

　　《泰晤士報》作為英國最具影響力的報紙之一，其重要性不言而喻。它不僅是一份報紙，更是英國民主制度的守護者和社會變革的推動力。這份報紙以其獨特的民族特性和自信，成為英國人民的代言人，反映了他們的思想和理想。

　　《泰晤士報》的力量源於其無畏的調查精神。無論是權貴還是平民，只要有違法行為，都逃不過它的火眼金睛。這種深度調查不僅揭露了社會的陰暗面，更讓大眾成為最強大的監督力量。正是這種無孔不入的調查能力，使得英國得以擺脫那些曾經困擾政府的頑疾。

　　然而，《泰晤士報》的影響力不僅僅展現在其調查能力上。它更是英國人民集體意識的縮影。當人們閱讀報紙時，他們彷彿看到了理想中的英國日常生活，這種認同感讓讀者更加堅定了自己的英國人身分。

　　《泰晤士報》所展現的勇氣是一種深思熟慮的、堅定的勇氣。它不畏強權，不懼財富，成為對抗封建體制和君主專制的有力武器。正如薩默斯勛爵所言，沒有報刊的監督，大眾就無法了解法律制度的制定和實施。

　　這種監督雖然可怕，但卻是必要的。它讓所有的特權和壟斷都無所遁形，促使人們意識到變革的必要性。正如曼斯菲爾德勛爵對諾森伯蘭公爵所說的那樣，報紙的力量終將改變整個社會結構，甚至影響王權。

　　整體而言，《泰晤士報》代表了英國人對社會政治制度的關切，是推動社會進步的重要力量。它不僅僅是一份報紙，更是英國民主的守護者，時刻提醒著人們關注社會問題，推動社會變革。

《泰晤士報》：英國民主的守護者

英倫筆鋒：社會脈動的忠實記錄者

英國人向來以其犀利的文筆和敏銳的洞察力著稱，這種特質在他們的報刊文化中表現得尤為突出。就如同他們精通寫詩、騎馬和拳擊一般，英國人對於撰寫評論文章也有著與生俱來的天賦。這種才能在英國的土壤中生根發芽，蓬勃發展，形成了一種獨特的文化現象。

從普雷德到麥考利，無數才華橫溢的文人筆耕不輟，他們的文字如同利劍，直指社會痼疾，抨擊世間醜態。這些飽讀詩書、受過良好教育的紳士們，將寫作視為一種日常活動，就如同在議會發表演說或是在馬場馳騁一般自然。他們的身體強健，思維敏捷，舉止得體，雖然可能缺乏天才的光芒，卻以其扎實的功底和不懈的努力，在英國文壇占據了一席之地。

這種普遍的寫作熱情和能力，推動了英國報業的蓬勃發展。政治議題成為熱門話題，報刊雜誌如雨後春筍般湧現，從業者的薪資水準也隨之水漲船高。在這片沃土上，孕育出了英國新聞界的翹楚──《泰晤士報》。

《泰晤士報》自西元 1785 年創刊以來，一直扮演著「英國社會的忠實記錄者」的角色。它不僅關注國內事務，更將目光投向歐洲大陸，成為最早將新聞視野擴展到英國以外的媒體之一。憑藉其客觀公正的報導和深入獨到的分析，《泰晤士報》在政界和金融界贏得了極高的聲譽，成為影響英國乃至全球輿論的重要力量。

這種深植於英國文化中的批評精神和寫作傳統，不僅塑造了英國獨特的公共輿論空間，也為世界新聞業樹立了典範。它彰顯了言論自由的重要性，同時也展現了知識分子在社會進步中所扮演的關鍵角色。

《泰晤士報》作為英國新聞界的翹楚，其影響力之深遠、權威之顯著，實在令人嘆為觀止。這份報紙不僅是資訊的傳播者，更是輿論的引領者。每天清晨，當人們翻開報紙，那些精心挑選的新聞便如同種子，在一天的時間裡生根發芽，到了夜晚，已在全國範圍內開花結果，成為人們茶餘飯後的話題。

《泰晤士報》之所以能夠達到如此高度，實屬不易。它擁有一支龐大而高效的新聞網路，遍布全球各個角落，時刻捕捉著最新鮮、最全面、最可靠的資訊。這種卓越的新聞素養並非一朝一夕之功，而是經過年復一年的努力累積，一次又一次成功實踐的結果。正如一位資深投稿人所言，《泰晤士報》如今正值其鼎盛時期，這份報紙的影響力與日俱增。

《泰晤士報》不僅僅是一份報紙，它更像是英國精神的化身。它展現了英國人堅定的目標、卓越的智慧以及誠實守信的高尚品格。這份報紙擁有自己獨特的發展軌跡和輝煌成就，在英國歷史的關鍵時刻，總能聽到它發出的強而有力的聲音。

從支持女王卡洛琳對抗國王，到推動貧民救濟法的通過；從果斷反對布魯厄姆勳爵的執政，到在愛爾蘭問題上堅持己見；從支持聯盟反對穀物法，到預言柯布敦的勝利；從批評西元 1848 年成立的法蘭西共和國，到支持新的法蘭西帝國。《泰晤士報》在每一個重要的歷史節點上，都扮演著舉足輕重的角色，引導著輿論的走向。

《泰晤士報》的成功，不僅展現了它作為新聞媒體的專業素養，更彰顯了它作為社會良知的擔當。它不僅報導新聞，更參與塑造歷史。這種影響力，使得《泰晤士報》成為英國社會不可或缺的一部分，它是時代的見證者，也是時代的先鋒。

《泰晤士報》：英國民主的守護者

《泰晤士報》：19 世紀新聞界的巨擘

　　《泰晤士報》在 19 世紀的英國新聞界可謂一枝獨秀，它以其獨特的地位和影響力主導著當時的輿論導向。這份報紙不僅關注國內外重大事件，還以一種無所不包的姿態涉及地方性、文學性以及社會性的諸多問題。它的勇氣和前瞻性展現在對商業界潛在詐欺行為的及時揭露上，這個做法無疑贏得了讀者的信任和支持。

　　《泰晤士報》的成功並非偶然。它不斷完善的印刷裝置為其提供了強大的技術支援，使得競爭對手難以望其項背。然而，即便如此，它仍面臨著一個不小的挑戰：印刷速度的限制導致每份報紙的時效性僅維持幾個小時。這個缺陷似乎並未影響《泰晤士報》的主導地位，反而突顯了其他報刊生存的艱難處境。

　　《泰晤士報》的印刷商瓦爾特先生在報社的發展中扮演了關鍵角色。他精明的經營手腕和高超的談判技巧，使得即便是業主們也不得不對他讓步。這種影響力的累積無疑為《泰晤士報》的穩定發展奠定了基礎。

　　愛默生親身參觀《泰晤士報》總部的經歷，為我們提供了一個難得的機會，得以一窺這家新聞巨擘的內部運作。從莫里斯先生口中得知的印刷資料，雖然在今天看來已經過時，但在當時卻是十分驚人的。每日 35,000 份的印刷量，以及在特殊時期能達到 54,000 份的峰值，足以證明《泰晤士報》的影響力之大。

　　《泰晤士報》不僅在印刷技術上不斷追求進步，更在人才培養和組織結構上下足了功夫。120 名員工的規模，以及專門的記者室和編輯室的設定，都展現了這家報社對新聞工作的專業追求。儘管愛默生未能一睹編輯室的真容，但這種神祕感反而增添了《泰晤士報》的魅力，也激發了

人們對新聞工作的想像和憧憬。

《泰晤士報》不僅是一份報紙,更像是一個龐大的情報網路。它的記者們就像是無處不在的密探,以敏銳的洞察力和靈活的手段,捕捉每一個值得報導的細節。這種能力有時甚至超越了政府的情報系統,讓人不禁聯想到那些傳奇特務的故事。

就像富歇警察那樣,《泰晤士報》似乎也擁有神通廣大的情報來源。它的一些獨家新聞和祕密消息常常令人驚訝,讓人懷疑他們是否有特殊管道獲取消息。這種能力不僅限於國內,在國外城市,《泰晤士報》的商務和政治記者更是如同埋伏的暗哨,時刻準備發回最新動態。

《泰晤士報》的記者們不僅能幹,更是富有創意和勇氣。那位在被禁止報導的情況下,仍然巧妙地用口袋裡的筆和紙完成工作的記者,正是這種精神的絕佳展現。他們可能會偽裝成普通人,混入各種場合,用看似平常的舉動完成不平凡的任務。

這種無所不在、無所不知的特質,使《泰晤士報》成為一個強大的消息中心。從皇室軼事到政壇內幕,從普通人的生活趣聞到遠在印度的官員升遷,似乎沒有什麼能逃過它的法眼。這種全方位的報導能力,不僅滿足了讀者的好奇心,也在某種程度上影響著社會輿論和政治走向。

《泰晤士報》的成功,相當程度上歸功於這些勤奮、機智且富有冒險精神的記者們。他們就像是隱藏在社會各個角落的眼睛和耳朵,為讀者帶來最新、最全面的消息。在新聞背後,是這些默默付出的「密探」們的智慧和汗水。

《泰晤士報》：英國民主的守護者

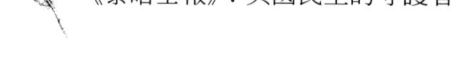

▎《泰晤士報》：新聞界的巨人與時代的見證者

　　西元 1814 年，隨著高寶公司製造出世界上第一臺報紙印刷機，《泰晤士報》開啟了新的篇章。這臺印刷機不僅改變了報紙的生產方式，更為《泰晤士報》日後的影響力奠定了基礎。

　　如今的《泰晤士報》經過改版，體積縮小了一半，引發了西方傳媒業的激烈討論。這個變化不僅反映了報業市場的變遷，更突顯了《泰晤士報》適應時代的能力。然而，無論形式如何變化，《泰晤士報》的實質影響力依舊不容小覷。

　　在歐洲，《泰晤士報》被公認為一種政治力量。它的文章常常成為大陸法庭官方機構的評論依據，甚至影響外交辭令。「《泰晤士報》會怎麼說呢？」這個問題在歐洲各大首都乃至遠至尼泊爾都引起關注，足見其影響力之廣泛。

　　《泰晤士報》的成功歸功於其獨特的運作模式。年輕有為的撰稿人帶來了激情和創新，而經驗豐富的策劃者則提供了方向和智慧。這種分工使得報紙既能保持活力，又能維持一貫的專業水準。

　　最令人稱道的是，《泰晤士報》始終保持一致的立場和語調，彷彿所有文章都出自同一個意志。這種統一性不僅展現了報社的專業素養，也增強了其公信力。同時，《泰晤士報》堅持以社論形式發表優秀文章，不計較個人名利，而是將辦好報刊作為首要目標。

　　正是這種專業精神和獨特的運作方式，使《泰晤士報》成為新聞界的巨人和時代的見證者。它不僅記錄歷史，更以其獨特的方式影響著歷史的進程。

　　英國人對《泰晤士報》的喜愛，不僅源於其全面的資訊，更因為它

展現了英國人的國民性格。這份報紙猶如一面鏡子，反映著英國人的思想、言論和理想生活。當英國人捧起《泰晤士報》時，彷彿與自己的國家和文化進行了一次深度對話。

《泰晤士報》的獨特之處在於其不可預測性。讀者永遠無法確定下一頁會帶來什麼驚喜。這種未知感讓閱讀變得充滿期待，也展現了英國人對多元觀點的包容。報紙的語氣中透露出的民族自信，更是讓英國讀者感到與之心靈相通。

這份報紙展現出一種罕見的勇氣，既不輕率也不任性，而是充滿關懷和堅定。它勇於面對權貴，無論是公爵還是主教，都不能逃脫其犀利的筆鋒。《泰晤士報》甚至勇於向女王陛下提出建議，有時還能影響皇室決策。這種不畏權勢的態度，正是英國人所推崇的公正和正義精神的展現。

然而，《泰晤士報》並非只有嚴肅的一面。它也有輕鬆的廣告欄，以坦誠的姿態向外國人展示英國的魅力。這種多面性使得報紙既能滿足讀者對嚴肅新聞的需求，又能提供日常生活的實用資訊。

西元 1847 年，當我初到倫敦時，就被一則懸賞通告吸引了注意。這則通告揭露了一位曾是紳士、後來成為國會議員的詐騙犯，連其姓名和頭銜都毫不避諱地刊登出來。這種直言不諱的報導風格，正是《泰晤士報》的特色，也是英國社會公開、透明的縮影。

對英國人來說，閱讀《泰晤士報》不僅是獲取資訊的方式，更是一種文化儀式，一種與國家精神相連的體驗。它是英國人的精神指南針，指引著他們在複雜多變的世界中堅守自己的價值觀和民族特性。

《泰晤士報》：英國民主的守護者

▎《泰晤士報》：權力的代言人與時代的晴雨表

在這個資訊爆炸的時代，我們很難想像一份報紙能夠如此舉足輕重。然而，在 19 世紀的英國，《泰晤士報》確實扮演著這樣一個角色。它不僅是一份報紙，更是一個權力的象徵，一個時代的縮影。

《泰晤士報》的傲慢是眾所周知的。它的社論作者們，不論是來自牛津還是劍橋，都似乎認為自己有能力左右世界大局。這種傲慢並非無中生有，而是源於它在英國社會中的特殊地位。《泰晤士報》代表的不是普通民眾的聲音，而是統治階級的利益和觀點。

這份報紙的編輯們有著敏銳的政治嗅覺。他們深諳權力運作的規則，能夠準確地掌握住政局的脈搏。無論是群眾運動、憲章運動、教會爭端還是工人罷工，《泰晤士報》總能第一時間掌握情況，並以統治階級的立場評論和報導。

有趣的是，《泰晤士報》對待新興的自由運動採取了一種特殊的策略。它會密切關注這些運動的發展，但目的並非支持，而是為了更好地批評和阻礙。然而，一旦這些運動取得成功，建立了新的秩序，《泰晤士報》又會迅速轉變立場，彷彿自己一直都是勝利者的支持者。

這種靈活多變的立場使得《泰晤士報》成為許多人眼中的「財富」。雖然不能直接從中獲利，但能夠從中洞察時局變化，為個人事業的發展提供指引。它就像一個永不停息的晴雨表，預示著英國政治和社會風向的變化。

19 世紀的英國報業如同一對強而有力的翅膀，一邊是輕鬆諷刺的《笨拙》週刊，另一邊則是嚴肅正義的《泰晤士報》。這兩份刊物共同構築了英國輿論的骨架，反映了這個時代的精神面貌。

《笨拙》週刊宛如一面哈哈鏡，以幽默諷刺的方式呈現社會百態。它的漫畫作品堪比精妙的小冊子，以獨特的英式幽默吸引了各階層讀者的目光。週刊中的速寫出自能工巧匠之手，不乏真正的創作天才。他們的筆觸充滿英倫風味，繼承了傑羅爾德、狄更斯、薩克雷等幽默大師的衣缽，展現了 19 世紀人性解放與自由發展的趨勢。

與之相對的《泰晤士報》則如同一座燈塔，為英國的發展指明方向。它是英國國力的象徵，為那些勇於揭露真相、不屑阿諛奉承的人提供了發聲的平臺。《泰晤士報》擁有帝國般的腔調，彷彿一個獨立的王國。然而，它也面臨著統治階級的局限，常常不願成為少數派。

儘管如此，《泰晤士報》仍然肩負著重要的社會責任。它應該成為英國變革的天然領袖，為全歐洲發聲，為流亡者和愛國志士辯護。如果《泰晤士報》能夠堅持真理、伸張正義，並從人性的根本出發，它將贏得真正的天才盟友，而不僅僅是達官顯貴的青睞。

在這個讀報已成為現代人習慣的時代，英國報業的雙翼——諷刺與正義——共同引領著公共輿論，塑造著這個國家的未來。它們的存在不僅是英國良知的展現，更是推動社會進步的重要力量。

英國自由主義的雙面性：理想與現實的矛盾

在探討英國文明的發展歷程時，我們不得不面對一個令人深思的悖論：作為自由主義的發源地，英國似乎並未在國際舞臺上始終如一地維護自由的理念。這種矛盾的根源可以追溯到英國社會的深層結構和其在世界政治經濟中的特殊地位。

約翰·薩默斯作為輝格黨的代表人物，其政治生涯恰恰展現了英國

《泰晤士報》：英國民主的守護者

自由主義的複雜性。輝格黨雖然標榜自由，但其核心支持者往往來自於貴族階層。這個現象導致英國對外政策中的一個顯著特徵：國家利益常常凌駕於理想主義之上。

正如《論英國文明》中所指出的，英格蘭的對外政策往往以經濟利益為導向。無論是在石勒蘇益格—荷爾斯泰因州的問題上支持丹麥國王，還是在匈牙利民族獨立運動中偏袒奧地利帝國，英國的立場都展現了其優先考慮貿易利益的傾向。這種做法雖然在短期內可能有利於維護英國的經濟優勢，但也不可避免地損害了其在國際社會中的道德聲譽。

更為諷刺的是，即使是被譽為「自由主義者」的帕默斯頓勳爵，也被認為支持了路易斯・拿破崙的政變。這個事件進一步暴露了英國政治菁英在面對國家利益與民主理想衝突時的矛盾立場。

然而，我們也不能否認英國在本土推行自由主義的成就。英格蘭確實享有相當程度的自由，但這種自由主要局限於貴族階層。這種有限的自由主義反映了英國社會的階級性質，同時也解釋了為何英國的貴族階層只有在面臨外部威脅時才會奮起捍衛自由。

巨石陣之謎：時空交錯的古老智慧

我們終於抵達了這片神祕的土地，巨石陣矗立在眼前，如同一個巨大的謎題等待著我們去解開。卡萊爾和我站在這片開闊的草原上，被這些巨大的石柱環繞，感受著歷史的重量壓在我們肩上。

這些石柱看似簡單，卻蘊含著無盡的智慧。它們的存在跨越了千年，依舊保持著原有的姿態，彷彿時間在這裡停滯了。我不禁想像，千年之後的人類會如何看待我們這個時代留下的遺產？會否像我們今天欣賞巨石陣一樣，充滿敬畏與好奇？

卡萊爾似乎讀懂了我的心思，他說：「這些石頭比我們想像的要聰明得多。它們見證了無數文明的興衰，卻始終屹立不倒。」我不得不同意他的觀點。這些石頭確實像是有靈性的生物，默默地訴說著人類無法企及的智慧。

我們仔細觀察著每一塊石頭，試圖解讀它們所隱藏的祕密。那精巧的榫頭和榫眼，光滑的表面，無不彰顯著古人的智慧與技藝。我們不禁讚嘆，究竟是什麼樣的力量和知識，讓他們能夠完成如此宏偉的工程？

卡萊爾突然說道：「也許我們不應該急於解開這個謎題。有時候，未知本身就是一種美。」我深以為然。巨石陣的魅力正在於它的神祕，它讓我們對於人類的潛力充滿想像。

站在這片充滿歷史感的土地上，我們不僅感受到了過去的重量，也看到了未來的可能。巨石陣不僅是一個古老的遺跡，更是一個連線過去、現在與未來的橋梁。它提醒我們，人類的智慧和創造力是無窮無盡的。

離開時，我們都沉浸在一種莊嚴而深邃的氛圍中。巨石陣給我們上了一堂生動的歷史課，也啟發了我們對人類文明的深層思考。這次旅行，不僅是對古蹟的參觀，更是一次穿越時空的心靈之旅。

文明的交會：索爾茲伯里平原的啟示

索爾茲伯里平原上的巨石陣，這個歐洲最著名的史前文化遺址，不僅是人類智慧的見證，更是一個引發深思的文明交會點。站在這片神祕的土地上，我不禁想到了英美兩國的文化碰撞與融合。

卡萊爾曾抱怨美國人對英國文化的不屑一顧，寧願投奔法國的懷抱。但我卻在英國的土地上感受到了一種獨特的魅力。英國人的博大精深、秀外慧中，無不令我欽佩。他們的成功典範隨處可見，彷彿這片土地本身就蘊含著無窮的智慧與力量。

然而，當我回望美國時，又不得不承認我們擁有的巨大地理優勢。美國豐富的自然資源與廣闊的疆域，為我們的發展提供了無限可能。這種認知讓我意識到，雖然我們與英國同根同源，但未來的重心必將轉移到美洲大陸。

這種觀點無疑會讓許多英國人感到不適。就像巨石陣矗立千年而不倒一樣，英國人對自己文化優越性的信念也根深蒂固。但正如巨石陣見證了無數文明的興衰，英國也終將面對自己在世界舞臺上角色的轉變。

站在索爾茲伯里平原上，我彷彿看到了人類文明的長河。英美兩國的文化碰撞，不過是這條長河中的一個漩渦。我們應該珍惜彼此的連繫，同時也要勇於接受變革。畢竟，正是這種不斷的交流與碰撞，才造就了人類文明的璀璨光芒。

文明的交會：索爾茲伯里平原的啟示

我們站在索爾茲伯里平原上，眼前是一幅令人屏息的景象。巨石陣矗立在這片寬闊的草地上，如同一群沉默的守護者，訴說著遠古的祕密。灰濛濛的天空下，這些巨大的石塊彷彿與周圍的自然融為一體，卻又獨具一格。

我們慢慢走近這個神祕的圓環，感受著每一步腳下的歷史重量。石頭的粗糙表面在指尖下傳來冰冷而堅實的觸感，彷彿在訴說著千百年來風吹日晒的故事。我們小心翼翼地攀爬上去，在巨石之間尋找最佳的觀察點。

卡萊爾點燃了一支香菸，煙霧繚繞間，我們不禁陷入沉思。這些簡單的石頭結構，竟比後世華麗的教堂更能抵抗時間的侵蝕。它們默默矗立，見證了無數個日出日落，經歷了無數代人的興衰。

周圍的自然景觀為這幅畫面增添了生機。百里香、雛菊、繡線菊在石頭縫隙中頑強生長，彷彿在向遊人炫耀生命的韌性。遠處，幾個牧羊人和他們的羊群點綴著廣闊的草原，構成一幅動人的田園畫卷。

突然，一陣清脆的鳥鳴打破了寧靜。我們抬頭望去，只見一隻雲雀在高空盤旋，婉轉動聽的歌聲彷彿從天際傳來。卡萊爾若有所思地說：「雲雀是去年孵出來的，而這裡的清風卻颳了幾千年。」這句話讓我們更深刻地意識到了時間的宏大和生命的短暫。

站在巨石陣中央，我們彷彿能感受到古老德魯伊特祭司們的腳步聲，聽到他們低聲吟誦的祈禱。這裡不僅是一座建築，更是一個連繫過去與現在的時空門戶。在這片寂靜的土地上，歷史與自然和諧共存，向每一位到訪者訴說著永恆的故事。

巨石陣之謎：時空交錯的古老智慧

巨石陣的神祕之旅：
古代智慧與現代思考的交融

在英格蘭鄉野的深處，矗立著一座令人驚嘆的巨石陣，它不僅是一個古老的歷史遺跡，更是一個引發無盡想像的靈感泉源。當我們漫步於這片石林之中，每一塊石頭都彷彿在訴說著一個古老而神祕的故事。

巨石陣的每一個細節都令人驚嘆不已。那些巨大的石塊上，清晰可見的錘痕和鑿痕，無不彰顯著古人的智慧與技藝。內圈的花崗岩石塊更是讓人聯想到遠古時期的智慧生物，或許是聰明的大象或磨齒獸，將這些石塊從遠方搬運而來，並巧妙地堆疊起來。那精巧的榫頭和榫眼，以及磨光的石頭表面，無不展現出高超的工藝水準。

這座巨石陣不僅僅是一個建築奇蹟，更是一個時間的見證者。它見證了歷史的變遷，見證了宗教的更迭，也見證了人類思想的演變。正如卡萊爾所感慨的，古代的英格蘭曾經充滿了對上帝的信仰和對靈魂不朽的堅信，而如今，連清教主義也已消逝無蹤。

然而，巨石陣的魅力並未隨時間的流逝而減弱。相反，它依然保持著令人驚嘆的新鮮感，彷彿剛剛完工一般。它不僅是詩人吟誦的對象，也是歷史學家和考古學家研究的寶藏。每一塊石頭都蘊含著豐富的歷史資訊，等待著後人去發掘和解讀。

在這片神祕的石林中，我們不禁感慨人類文明的變遷和永恆。巨石陣就像一個巨大的謎題，邀請著每一位訪客去探索和思考。它不僅是過去的見證，也是未來的啟示，將繼續激發人類的想像力和探索精神，成為連繫古今的橋梁。

黃昏的薄霧中，我們依依不捨地離開了那座古老的石墩，心中暗自

期待著明日的重返。回程途中，天空突然飄起了細雨，雖然時間已晚，但鄉間的居民們仍在忙碌地搶收晾晒的乾草。英格蘭多雨的氣候使得這裡的草木生長得特別茂盛，綠意盎然。

抵達小客棧時，我們只得到了一杯奶茶的款待。這讓我的朋友頗為不滿，畢竟他一直對英國客棧的服務讚不絕口。直到我們再三要求，服務員才又端來了三杯茶。這小小的不愉快並未影響我們對即將到來的探險的期待。

次日清晨，我們乘坐著唯一能找到的輕便馬車，邀請了當地的文物收藏家布朗先生同行，前往威爾頓的巨石陣。途中，布朗先生為我們講解了關於「天文石」和「祭祀石」的知識，這些古老的石頭承載著神祕的天文智慧和宗教意義。

抵達巨石陣後，我站在最後一塊巨石上，聆聽著布朗先生的解說。他指著一塊略顯傾斜的巨石，稱之為「天文石」，並要我注意觀察石頭頂部與天際線的關係。在夏至這天，太陽恰好從這塊石頭的頂部升起，這個奇妙的天象現象在阿伯里的德魯特伊廟中也能觀察到。

站在這片古老的石環中，我不禁感嘆先民的智慧。這些巨石不僅是力量的象徵，更是古人對天文學的深刻理解。每一塊石頭的擺放都經過精心計算，與天體執行相呼應，成為一座巨大的天文觀測儀器。

在布朗先生的講解中，巨石陣的神祕面紗逐漸揭開。我們彷彿穿越時空，回到了數千年前，感受著古人對自然的敬畏和探索。這趟旅程不僅是對歷史的追溯，更是對人類智慧的致敬。

巨石陣之謎：時空交錯的古老智慧

巨石陣的神祕起源：古代智慧與現代推測的交織

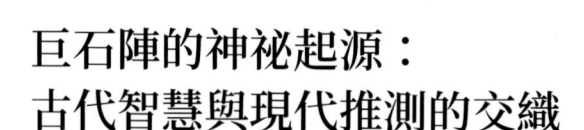

在英格蘭索爾茲伯里平原上矗立著一座神祕的巨石建築，自古以來就吸引了無數探索者的目光。巨石陣的起源和用途一直是眾說紛紜，各種理論和傳說交織在一起，為這座古老的遺跡蒙上了一層神祕的面紗。

有人認為它是亞瑟王時代的魔法產物，由梅林從愛爾蘭搬運而來；也有人將其歸因於古羅馬人的精湛工藝；還有學者指出它與東印度的太陽神廟有著驚人的相似之處。這些看似不著邊際的猜測，反映了人們對巨石陣深深的好奇與敬畏。

在眾多研究者中，古文物學家司徒柯萊的觀點尤為引人注目。他被巨石陣完美的幾何結構深深吸引，將其與世界最古老的遺跡和宗教連繫起來。司徒柯萊發現巨石陣的布局與地理方位有著奇妙的關聯，他大膽推測這座建築可能與古代德魯伊特祭司們使用的磁石羅盤有關。

根據司徒柯萊的理論，德魯伊特人可能掌握了羅盤技術，並用它來確定巨石陣的方位。這個想法將巨石陣與腓尼基人的傳說連繫起來，為這座神祕建築的起源提供了一個新的視角。他甚至將伊阿宋尋找金羊毛的神話解讀為對這種神奇磁石的追尋。

雖然司徒柯萊的理論充滿了想像力，但它展現了人類對未知事物的好奇心和解釋慾望。無論巨石陣的真實起源如何，它都是人類智慧和創造力的見證，激發著我們不斷探索和思考古代文明的奧祕。

在我們這個高度工業化的時代，很容易忘記我們的祖先曾經創造出令人驚嘆的建築奇蹟。當我漫步於波士頓的街道時，一個意外的場景將我的思緒帶回了遙遠的過去。

在波多因廣場，我目睹了一群工人正在搬運一塊巨大的花崗岩。這塊石頭之大，足以與史前巨石陣中最龐大的石塊相媲美。然而，這些現代工人卻顯得如此從容不迫，彷彿這只是他們日常工作中的一個普通任務。他們利用簡單的轉臂起吊機，輕而易舉地移動著這塊巨石。

　　這一幕讓我不禁聯想到巨石陣的建造者們。那些生活在數千年前的工匠，他們是否也曾以同樣的熟練和自信來處理如此龐大的石塊？我們常常對古人的智慧和技術感到驚嘆，但或許他們與我們並沒有太大的區別。

　　然而，巨石陣的神祕之處不僅在於它的建造，更在於它被遺忘的過程。這個曾經耗費巨大人力物力建造的宏偉建築，是如何在歷史的長河中逐漸淡出人們的記憶的？這個問題至今仍讓我們感到困惑。

　　離開波士頓後，我們踏上了前往威爾頓的旅程。沿途中，卡萊爾對當地領主們的土地管理政策表達了強烈的不滿。他譴責那些將大片土地圈為牧羊場的做法，認為這剝奪了許多英國人的生存空間和工作機會。

　　然而，這片土地的命運似乎注定是艱難的。後來我得知，即使開墾這片土地也難以獲得可觀的收益。這裡的土壤只適合種植單一作物，而一旦收穫完畢，土地就會變得貧瘠不堪。

　　這讓我再次想到了巨石陣的建造者們。他們是否也曾面臨過類似的資源管理難題？在那個遙遠的年代，他們又是如何權衡人口、土地和食物之間的關係的？

威爾頓莊園：文學巨匠的靈感聖地

　　我們來到了威爾頓莊園，這座彭布羅克伯爵的著名宮邸散發著濃厚的文學氣息。莎士比亞和馬辛傑曾在此流連忘返，菲利普·西德尼爵士

更是以此為靈感創作了《阿卡狄亞》。布魯克伯爵與西德尼的深厚友誼，在他的墓誌銘中得到了永恆的見證。

如今，這座英國最豪華莊園的代表由彭布羅克伯爵的弟弟西德尼·赫伯特先生居住。在管家的引領下，我們踏入了這座令人嘆為觀止的建築。長方形的豪華客廳高 30 英尺、寬 30 英尺、長 60 英尺，與毗鄰的 30 英尺見方的正方形房間形成鮮明對比。

莊園內處處彰顯著藝術的魅力。精美的家族畫像，包括凡·戴克等大師之作，點綴在長長的藏書室中。四合院迴廊裡擺放著各式古今雕像，卡萊爾手持目錄，讚不絕口。然而，最令人驚嘆的是窗外那片栽種著英格蘭最美雪松的草坪，美不勝收。

我們漫步於莊園中，穿過伊尼戈·瓊斯設計的小橋，越過無名小溪。遠處的鹿群悠然自得，我們登上飾有雕塑的避暑涼亭，俯瞰後方延綿的森林。下山後，我們先後遊覽了義大利式花園和法式涼亭，後者裝飾著精緻的法式半身像。

回到屋內，我們驚喜地發現客廳已準備好了豐盛的午餐。麵包、肉類、桃子、葡萄和白酒擺滿了整張桌子，彷彿是對我們這群遊客的熱情款待。在這座充滿歷史和藝術氣息的莊園裡，我們不僅飽覽了美景，更感受到了英國貴族生活的優雅與璀璨。

我們離開了威爾頓莊園，乘坐公共馬車前往索爾斯堡。這座擁有 600 年悠久歷史的大教堂，如今卻散發著一種令人驚訝的現代氣息。它那高聳入雲的尖塔，傲然矗立，成為全英國最高的教堂尖塔。然而，奇怪的是，考文垂的一座默默無聞的教堂反而給我留下了更深刻的印象。那座教堂雖然只有 300 英尺高，卻如同一朵輕盈的毛芯花，完全沒有傳統教堂的莊重氣息。

非暴力革命：一場雨中的思想交鋒

　　索爾茲伯里座堂被譽為英格蘭哥特藝術的巔峰之作。它那裸露的側面，沒有了華麗的裝飾性扶壁，反而突顯了建築本身的宏偉。教堂的中殿擺放著一架巨大的風琴，猶如一道屏風將東西兩側分隔開來。這種設計讓我不禁思考，為何現實中的建築總是無法滿足我們對線條長度的視覺期待。藝術的法則告訴我們，柱廊越長越美，越能給人一種無限延伸的美感。然而，教堂的中殿通常並不需要用屏風來分隔。

　　我們漫步進入教堂，正巧碰上唱詩班在進行禮拜儀式。優美的琴聲傳入耳中，我的朋友評論道，音樂雖然動聽，卻似乎缺少了幾分宗教的虔誠，彷彿是一位上氣不接下氣的僧侶在對著美貌的天后喋喋不休。由於卡萊爾興致缺缺，我們放棄了觀賞唱詩班的計畫，轉而參觀了當地的另一座教堂，隨後返回了客棧。

　　接下來的旅程中，我們乘火車經過了克拉倫登獵場。儘管卡萊爾對「克拉倫登法」的誕生地充滿好奇，可惜除了森林的邊緣，我們幾乎什麼也沒看到。最後，我們在畢曉普斯托克下車，與赫爾普斯先生會合。他親自駕駛馬車，將我們送到了他位於畢曉普斯沃爾瑟姆的家中。

非暴力革命：一場雨中的思想交鋒

　　星期日的大雨為我們的談話提供了絕佳的背景。雨滴敲打窗戶的聲音彷彿為我們的對話伴奏，營造出一種沉思的氛圍。我的英國朋友提出了一個讓我頗感棘手的問題，關於美國人對英國發展前景的看法。

　　我坦白地承認自己並非政壇要員，也不是能夠左右美國政策的人物。我的思維或許過於簡單，但我選擇誠實以對。我告訴他，確實有一些觀點，但那些想法可能會被視為異想天開，甚至荒謬。然而，正是這

些看似不切實際的想法，往往蘊含著最深刻的真理。

於是，我開始闡述非政府、不抵抗運動的理念。我本以為會遭到嘲笑或反駁，但出乎意料的是，我的朋友耐心地聆聽著。我解釋說，雖然我從未見過哪個國家真正實踐這種理念，但正是這種勇氣激發了我的敬意。

我繼續闡述道，暴力革命者的結局往往令人唏噓。即便是一些偉人也曾走上暴力之路，但只要上帝存在，結局總是相似的。我堅信，以暴力制止暴力是一條艱難的道路，唯有愛與正義才能帶來徹底的變革。

我的朋友卡萊爾似乎對我的背景有所了解，他認為我對在英國實現非暴力的看法與某些紳士的觀點如出一轍，顯得有些不切實際。這讓我想起了我們在倫敦或波士頓享用羊排和菠菜時的情景，心中不禁浮現出塔列的那句名言：「先生，我並不認為這有什麼必要。」

雨聲漸歇，我們的談話也告一段落。儘管觀點可能存在分歧，但這場思想的交鋒無疑為我們兩人都帶來了新的思考。非暴力革命的理念或許在當時看來遙不可及，但誰能說它不是未來社會變革的一種可能呢？

我們在英格蘭的旅程如同一場文化與歷史的邂逅。那天下午，前往溫徹斯特的路途中，主人的熱情好客讓我們感受到了英國人的親和力。卡萊爾和我被他的風趣幽默所折服，尤其是他巧妙化解用餐時的尷尬場面，展現了英國人特有的機智與幽默感。

朋友們對美國的好奇心似乎無窮無盡，他們的問題涵蓋了從自然景觀到建築風格的各方面。我努力描繪美國的遼闊與野性，但總覺得言語難以充分表達那片土地的神奇與矛盾。美國的廣袤與未開發性質在我腦海中形成了一幅朦朧而神祕的畫面，就像康斯太勃爾筆下的索爾茲伯里座堂，雖然美麗壯觀，卻也透露出一絲難以言喻的孤寂與遙遠。

在回答關於美國的問題時，我不禁感慨於兩國之間的巨大差異。英國的精緻與秩序，與美國的原始與混沌形成鮮明對比。我試圖向朋友們解釋美國大地上那種沉睡的自然之美，以及由此而生的複雜情感。那種感覺就像是在霧中觀察一片沼澤地，或是在月光下端詳一片森林——朦朧而又充滿想像空間。

然而，面對這些殷切的詢問，我發現自己常常需要委婉地迴避一些難以回答的問題。畢竟，要向這些生活在井然有序的英國社會中的人們解釋美國的狂野與不羈，實在是一件困難的事。我盡量用一些不著邊際的回答來應付，希望能夠既滿足他們的好奇心，又不至於過分打破他們對新大陸的美好想像。

這次旅行讓我更深刻地意識到，美國這片土地上沉睡著一種偉大而神祕的力量，它是被驅逐出英國的先民們帶去的希望與夢想的延續。而今天，當我站在這片古老而文明的英格蘭土地上，更能體會到這兩個國家之間既相連又相異的命運。

聖十字教堂：千年傳統與英格蘭歷史的縮影

踏入聖十字教堂的門檻，我彷彿穿越了時空，回到了中世紀的英格蘭。這座始建於 12 世紀的宏偉建築不僅是一座教堂，更是一部活生生的歷史書。

教堂門口，我們領到了麵包和啤酒。這個傳統竟然已延續了近 900 年之久！想到亨利‧布洛伊斯主教在西元 1136 年就立下這項善舉，我不禁為人性的溫暖而感動。然而，卡萊爾卻對此嗤之以鼻，認為這些小恩小惠與教會應盡的責任相去甚遠。

巨石陣之謎：時空交錯的古老智慧

　　步入教堂內部，我被其宏偉的規模所震撼。556 英尺的長度、250 英尺的寬度，使它成為英國首屈一指的教堂。漫步其中，我感受到了歷史的厚重。卡努特國王、阿佛烈大帝等諸多英格蘭君主都曾在此加冕或安葬，每一塊石頭似乎都在訴說著昔日的輝煌。

　　最令我著迷的是教堂的地下室。走進這個時光隧道，我看到了撒克遜和諾爾曼風格的古老拱頂，上面又覆蓋著現代的拱門。這種建築風格的疊加，生動地展現了英格蘭歷史的層層積澱。想到這些地下室有些已有 1,400 多年的歷史，我不禁為人類的創造力和文明的延續性而感嘆。

　　參觀威廉·威克姆的陵園時，卡萊爾對這位偉人表現出了極大的敬意。看著他輕撫雕像的手臂，我彷彿看到了歷史與現實的交會。

　　黃昏時分，我們依依不捨地離開了聖十字教堂。登上次倫敦的火車時，我的腦海中仍迴盪著教堂的鐘聲，彷彿千年的歷史正在向我訴說它的故事。這次參觀不僅讓我對英格蘭的歷史有了更深刻的理解，也讓我感受到了傳統與現代的完美融合。

文學交鋒中的深厚友誼

　　卡萊爾和愛默生兩位文壇巨匠相遇之初，猶如兩顆彗星交會。他們的思想火花在交談中迸發，互相欣賞對方的才智與見解。隨著時間推移，這份相知相惜的情誼日益深厚，宛如兩棵相依的大樹，根系在地下悄然交織。

　　然而，正如卡萊爾所言，現實世界中的差異依然存在。他們來自不同的文化背景，思想理念也有所分歧。這些差異就像地殼深處的巖層，看似難以跨越。但正是這種張力，讓他們的友誼更顯珍貴。

儘管相隔千里，兩人仍透過書信保持聯繫，分享彼此的思考與感悟。在字裡行間，我們能感受到他們對這份友誼的珍視。即便無法時常相見，他們心中始終裝著對方，如同擁有一個永遠的精神夥伴。

這段友誼給我們的啟示是：真摯的情誼可以超越時空與分歧。即便處於不同的人生階段，懷有不同的觀點，真正的朋友依然能在精神上彼此支持。正如卡萊爾所說，知道世上有一個人在為你而活著，這份認知本身就是一種慰藉。

巨石陣之謎：時空交錯的古老智慧

英倫風情：紳士淑女的優雅生活

　　英國給予我的印象，不僅僅局限於社交場合的禮儀和風度，更深入到了日常生活的各方面。英國人的家庭生活尤其令人印象深刻。在這片土地上，有教養的人似乎天生就懂得如何營造一個幸福美滿的家庭。「榮譽、愛情、寬容、朋友遍天下」這句話，生動地概括了英國人所推崇的處世原則。

　　我有幸結識了許多英國的社會名流和文化菁英。在卡萊爾的房間裡，我見到了諸如羅傑斯、哈勒姆、麥考利等文學大師。改革俱樂部和雅典娜神殿等高級場所也向我敞開了大門，使我得以接觸到更多學術界和科技界的翹楚。我與羅伯特·布朗、歐文、塞德威克等科學家進行了親切交談，也有幸結識了貝利小姐、摩根太太等優雅的女性。

　　英國人的熱情好客給我留下了深刻印象。每到一處，總有朋友熱情接待，使我的旅程輕鬆愉快。尤其是在利物浦，一位曼徹斯特紳士的熱情招待讓我感受到了英國人的善良和厚道。他思維敏捷，才華橫溢，談吐間透露出甜美溫暖的氣息。

　　透過這些接觸，我深刻體會到英國社會的優雅與內涵。無論是大眾社交還是家庭生活，英國人都以其獨特的方式詮釋著何為高尚的生活。這種生活不僅展現在外在的禮儀上，更深植於內心的修養之中。正是這種內外兼修的生活態度，塑造了英國獨特的社會氛圍，也讓我對這個國家產生了深深的敬意和喜愛。

英倫風情：紳士淑女的優雅生活

尋訪英倫：名流與常人的真摯之交

在我周遊英倫的歲月裡，我深刻體會到，真正珍貴的經歷並非僅限於名流圈子。回首往事，那些與普通人的真誠交談，反而成為我最美好的回憶。然而，若在書中一一提及這些人的名字，恐怕會顯得對那些曾熱情款待我的豪華莊園主人不敬。

儘管如此，我仍不禁回想起幾個特別的日子。在克佑鎮，威廉·胡克大人帶我遊覽了那座令人嘆為觀止的大植物園，園中奇花異草令我驚嘆不已。在倫敦博物館，查爾斯·費洛斯大人耐心細緻地為我講解了他珍藏的愛奧尼亞紀念章，其中蘊含的歷史與藝術價值讓我深感敬佩。還有一天，在歐文先生的陪同下，我和同胞赫爾普斯先生一同參觀了亨特博物館，館中豐富的藏品讓我們大開眼界。

我的足跡遍布英格蘭各地，從工業重鎮伯明翰到學術聖地牛津，從古老的列斯特到新興的諾丁漢和謝菲爾德，再到繁華的曼徹斯特和利物浦。無論身處何地，我都感受到了來自社會各階層的盛情款待，這種平等而真摯的善意讓我倍感溫暖。

在充滿文化底蘊的愛丁堡，我有幸結識了一批卓越的文人雅士。這要歸功於撒彌爾·布朗博士的引薦，我得以與德·昆西、傑弗里大人、威爾遜等文壇巨匠交流。同時，我也結識了才華橫溢的克洛威太太、梅蘇·錢伯斯夫婦，以及那位英年早逝的天才畫家大衛·史考特。每一次交談都讓我獲益良多，不僅開闊了視野，也豐富了我對英國文化的理解。

這段遊歷讓我深刻意識到，無論是顯赫的名流還是平凡的常人，每個人都有其獨特的魅力和價值。正是這些多元而豐富的交流，構成了我英倫之旅最珍貴的記憶。

西元 1848 年春天，我有幸再次踏上萊德山，拜訪了這位備受尊崇的詩人華茲渥斯。那個星期天的午後，陽光溫柔地灑在萊德山的草坪上，空氣中瀰漫著春天的氣息。馬蒂諾女士和我來到華茲渥斯的居所時，發現這位老詩人正在沙發上小憩。

起初，華茲渥斯先生顯得有些昏沉和不悅，但很快就恢復了精神，開始熱切地談論起文學和語言來。他的觀點如同他的詩歌一樣鮮明而獨特，對法國人和蘇格蘭人的批評尤為嚴厲。他斷言沒有一個蘇格蘭人能寫出好的英語，甚至連著名的歷史學家羅伯特遜也未能倖免於他的批評。

華茲渥斯對當時的文學評論界也頗有微詞，他認為《愛丁堡評論》的文章缺乏深度，只是在兜售自己的觀點。然而，他也承認，自從柯勒律治介入後，這份刊物的文學評論水準有所提高。

談到同時代的詩人，華茲渥斯對丁尼生的評價頗為矛盾。他稱讚丁尼生是個了不起的詩歌天才，但又批評他的作品有些矯揉造作。有趣的是，他一會兒說丁尼生的長兄更優秀，一會兒又稱讚阿佛烈·丁尼生的才華。這種搖擺不定的評價讓我感到困惑，但也展現了華茲渥斯對詩歌藝術的深入思考。

在談話中，華茲渥斯還表達了他對英國民族特性的看法。當我提到美國圖書館中普遍收藏湯瑪斯·泰勒的譯作，而在英國卻鮮為人知時，他顯得有些驚訝。我進一步問道，如果現在出版柏拉圖的《理想國》，英國人會去閱讀嗎？華茲渥斯坦言可能不會，但他隨即流露出典型的英國人自豪感，說道：「不過我們已經把它具體化了。」

這次與華茲渥斯的會面，讓我深刻體會到這位偉大詩人的博學多聞和獨特見解。儘管他的某些觀點可能帶有偏見，但他對文學、語言和文

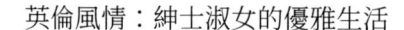

化的熱情卻是無可否認的。在萊德山的這個午後，我彷彿穿越了時空，與一個文學巨匠進行了一次跨越世紀的對話。

詩人的樸素與爭議：華茲渥斯的生活軼事

華茲渥斯這位偉大的英國詩人，其生活方式和性格特徵似乎總是引發人們的議論和好奇。在湖區的寧靜鄉間，他樹立了一種簡樸生活的典範，這在某種程度上與他詩歌中所頌揚的自然之美和簡單之道相呼應。

馬蒂諾女士對華茲渥斯的評價特別有趣。她並非讚美詩人的文學成就，而是稱讚他在日常生活中展現的節儉和簡樸。這位詩人在招待客人時只提供麵包和簡單的便餐，若客人想要更豐盛的食物，還得自掏腰包。這種做法在當時的英國社會中可能顯得有些怪異，但卻真實地反映了華茲渥斯的性格特徵。

然而，這種簡樸的生活方式在倫敦的文人圈子裡卻引發了不同的評價。有人認為華茲渥斯不近人情，有人說他愛財如命，還有人指責他從不稱讚他人。這些評價或許有失偏頗，但也反映出華茲渥斯與都市知識分子之間存在某種隔閡。

有趣的是，即使是同為作家的華特·史考特在華茲渥斯家做客時，也需要偷偷溜到酒店去享用更豐盛的食物。這個小插曲不僅幽默有趣，也側面反映了華茲渥斯家的生活方式可能不太符合一般人的口味。

然而，我們不應該輕易地將這些軼事等同於對華茲渥斯人格的全面評價。正如作者所說，認真閱讀過華茲渥斯作品的人都知道，這位詩人只是按照自己的天性行事，不在乎他人的看法，只追求能給他帶來慰藉的事物。這種堅持自我、不隨波逐流的態度，或許正是華茲渥斯能夠創

作出偉大詩歌的原因之一。

在 19 世紀英國文學的星空中，華茲渥斯無疑是一顆獨特而璀璨的明星。儘管他的作品中存在一些不足之處，如某些詩句略顯生硬乏味，缺乏宏大視野等，但我們不能否認他在那個時代所展現的獨特價值。

華茲渥斯最為可貴的地方，在於他對人性的深刻理解與絕對信賴。在一個動盪變革的年代，他堅持以詩歌探索人性的本質，將目光投向平凡人物的內心世界。這種對人性的關注與尊重，使他的作品散發出獨特的光芒。

〈不朽頌〉可謂是華茲渥斯詩歌藝術的巔峰之作，也是那個時代最完美的結晶。在這首詩中，我們看到了詩人對生命、自然和人性的深刻洞察，以及對永恆價值的追求。華茲渥斯以其獨特的視角和表達方式，為詩歌王國開闢了新的疆域，賦予詩歌新的意義和境界。

值得一提的是，在華茲渥斯所處的時代，還有許多其他傑出的文學家和學者。如史考特的朋友喬安娜·貝利，以創作戲劇和蘇格蘭民謠而聞名；愛爾蘭作家摩根太太，以其短詩和小說贏得了廣泛讚譽；還有在科學領域頗有建樹的薩默維爾太太，她不僅是一位傑出的學者，更是女性權益的早期倡導者。這些人物的存在，為我們勾勒出了一幅豐富多彩的 19 世紀英國文壇圖景。

英國思想的孤島：愛默生眼中的偏狹與抗拒

愛默生對英國人的思想狀態進行了一番入木三分的剖析，揭示了他們在面對外來思想時的排斥與固執。他指出，英國讀者對於柏拉圖這樣的哲學巨擘竟然視若天書，無法理解其中的博大精深。這種狹隘的態度

使得英國學術界只願意接受那些精確、概念化和經驗主義的思想，而對於更為廣闊的唯心主義思潮則避之唯恐不及。

愛默生以湯瑪斯·泰勒為例，說明了英國學界對本土柏拉圖主義者的忽視程度。泰勒雖然翻譯了大量柏拉圖著作，卻在自己的祖國幾乎默默無聞。愛默生多次詢問英國文人對泰勒的了解，卻總是徒勞無功。這種現象不僅反映了英國學術界的封閉，更暴露了他們對思想探索的漠不關心。

泰勒本人對這種現狀也感到深深的失望。他認為，在當代社會中，已經很少有人願意像他這樣將研究柏拉圖哲學視為畢生事業，而不為金錢所動。這種 dedication 在功利主義盛行的英國社會中顯得格格不入，最終導致泰勒被同時代人遺忘。

愛默生進一步指出，即便是像柯勒律治和華茲渥斯這樣的本土天才，也必須在與敵對勢力的鬥爭中才能獲得認可。至於外國思想家如歌德，則更是要經受英國主流刊物的嚴厲批評甚至冷漠對待。德國哲學在英國的影響力同樣微乎其微，這再次印證了英國人對外來思想的抗拒。

最後，愛默生點明了英國人對東方哲學和宗教中神祕主義元素的厭惡，甚至到了急於為本土作品開脫「罪名」的地步。這種態度不僅反映了文化偏見，更暴露了英國思想界的保守與封閉。

透過這番洞察，愛默生為我們勾勒出了一幅 19 世紀英國思想界的圖景：故步自封、排斥異己、對新思想充滿戒心。這種狀況不僅限制了英國學術的發展，也使其在全球思想交流中陷入了某種程度的孤立。

愛默生眼中的英倫文壇：期待與失落

愛默生踏上英倫之旅，懷著滿腔熱忱欲一睹文壇巨擘風采。然而，現實與想像之間的落差，令這位美國思想家感慨萬分。他在倫敦的所見所聞，既是對英國文化的讚嘆，亦是對其局限的婉惋。

巴比倫般繁華的倫敦，匯聚了無數才華橫溢之士。愛默生眼中，這些文人學士無不是藝術巔峰的攀登者，他們學識淵博、為人謙遜、舉止得體。然而，正是這些令人敬佩的特質，似乎也成了束縛他們想像力的無形枷鎖。

愛默生最渴望一見的丁尼生不在英國，華茲渥斯的會面也只能在威斯特摩蘭郡匆匆完成。這些遺憾或許暗示著，真正的天才總是難以捉摸，不願被世俗的眼光所定義。

在愛默生看來，英國文人雖然成就斐然，卻似乎缺乏突破常規的勇氣。他們精於掌握已知的一切，卻鮮少探索未知的領域。這種保守態度，與愛默生所推崇的創新精神形成了鮮明對比。

儘管如此，愛默生並未因此而氣餒。他依然懷著一顆開放的心，試圖激發這些英國文人的想像力，鼓勵他們拓展新的視野。這種態度，正展現了愛默生作為思想家的深邃洞見和寬廣胸襟。

透過愛默生的視角，我們得以一窺 19 世紀中葉英國文壇的風貌。這段經歷不僅是對英國文化的觀察，更是對創造力本質的深刻思考。它提醒我們，真正的智慧不僅在於汲取已有的知識，更在於不斷突破自我，開拓新的思想疆界。

英國，這個屹立於海洋之上的島國，無疑是當今世界最為卓越的國度之一。她並非空中樓閣，而是一座歷經歲月洗禮、不斷修葺增添的宏

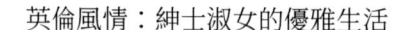

偉建築群。倫敦，這座現代羅馬，是我們這個時代的縮影，凝聚了英國的精髓與光彩。

英格蘭人以其獨特的性格塑造了這個國家。他們心腸柔軟，有別於羅馬人的鐵血無情；他們重視私密，將家庭視為不可侵犯的聖地。在公共場合，他們或許顯得拘謹矜持，但在私下卻有著真摯的情感。這種矛盾正是英國人的特質之一。

然而，英國的光輝背後也隱藏著陰影。「英國原則」往往意味著財產利益至上，這種思想主導了國家的政策走向。在這片土地上，強者壓制弱者的現象屢見不鮮：英格蘭人、蘇格蘭人和愛爾蘭人聯手壓迫殖民地；國內又存在著階級間的剝削。

宗教方面，國教會對異教徒的壓制也不容忽視。直到不久前，非國教徒的婚姻都被視為非法。法律制度也偏袒富人，貧窮者難以獲得公正。這種「法律遊戲」成為階級壓迫的隱形工具。

貧困問題更是英國社會的痼疾。在經濟困難時期，窮人生活艱難，甚至淪落到以海貝和海藻為食。城市中的兒童被迫乞討甚至犯罪，反映出社會保障體系的不足。

儘管如此，英國仍然是愛國者、殉道者、聖賢和詩人的搖籃。她以不朽的法律和自由法典聞名於世，塑造了現代文明的基石。英國的影響力超越了她的地理邊界，成為全球秩序的重要支柱。

英格蘭：商業王國的光榮與陰影

在這個工業革命方興未艾的年代，英格蘭展現出令人矛盾的面貌。一方面，她是無可匹敵的商業霸主，另一方面，卻也暴露出道德與外交

上的諸多問題。

倫敦街頭上演的偷竊小戲，正是這個國家社會矛盾的縮影。貧富懸殊導致犯罪滋生，而紳士們卻沉溺於風花雪月之中。這般景象折射出英格蘭繁榮表象下的陰暗面。

在對外關係上，英格蘭展現出赤裸裸的利己主義。她熱衷於瓜分他國領土，出賣盟友利益，一切都是為了謀取商業好處。然而，諷刺的是，代表國家的外交大使們卻常常被貴族偏見所束縛，未能充分發揮英格蘭的商業實力。

不過，我們也不能否認英格蘭在某些方面的進步。她廢除了奴隸制，終止了野蠻的殉葬習俗，這無疑是人類文明的一大進步。更值得稱道的是，英格蘭奉行開放的貿易政策，為各國商人提供了平等的機會。《大憲章》中關於保護商人權益的條款，更是將這個政策上升到了法律層面。

這種開放態度不僅展現在商業領域，也延伸到了政治領域。英格蘭為持不同政見者提供庇護，雖然這種庇護帶有一絲冷漠與矯情，但仍然為這個國家增添了幾分光彩。

整體而言，英格蘭這個商業王國呈現出複雜而矛盾的面貌。她既有令人欽佩的開放與進步，也有令人不齒的自私與冷漠。但無論如何，她的強大與影響力都是不可否認的，這個帝國正以其獨特的方式塑造著世界的格局。

在這片常年被陰雨籠罩的島嶼上，一個充滿矛盾而又令人著迷的民族悄然崛起。英國人，這個既平凡又卓越的群體，用他們獨特的方式譜寫了一曲震撼世界的交響樂。

歷經八個世紀的洗禮，英國人的靈魂中積澱了無數耀眼的光芒。從

騎士的勇武到貴族的優雅，從王權的威嚴到忠誠的堅守，每一個角落都閃耀著人性的光輝。然而，正如《柯林斯貴族大全》所揭示的，這個民族的偉大並非來自單一的英雄主義，而是源於千千萬萬普通人的努力與智慧。

英國人的天性中蘊含著一種獨特的力量，它既不似阿拉伯戰士的狂暴，也不像法國革命時期的激情澎湃。相反，這種力量如同潺潺的溪流，看似平靜無奇，卻蓄勢待發。當機會來臨時，這股力量便如同泉水迸發，滋潤了整個世界。

這個民族的偉大之處在於他們的包容性和適應性。他們征服了眾多島嶼和大陸，卻並未將自己的文化強加於人。相反，他們以開明的態度接納多元文化，讓自己的語言和文明自然而然地成為世界的通用語言。

英國人的殖民政策雖然曾經造成傷害，但他們也在不斷學習和改進。他們在印度修建基礎設施，推動教育，甚至逐步給予自治權。這種務實的態度不僅彌補了過去的過錯，更為未來的和平共處奠定了基礎。

然而，英國人的智慧不僅展現在對外政策上，更深深根植於他們的社會結構中。中產階級的崛起為科學家和藝術家提供了沃土，使得這個島國成為人才輩出的搖籃。工人、發明家、海員、學者，每一個群體都在為這個國家的繁榮貢獻自己的力量。

整體而言，英國人的靈魂是一個充滿矛盾又和諧的綜合體。他們既謹慎又大膽，既傳統又創新，既自私又無私。正是這種複雜性，造就了一個影響深遠的民族，一個塑造了現代世界格局的偉大國度。

英國人的民族性：矛盾中的堅韌與惰性

英國人的民族性是一幅充滿矛盾與張力的畫像。他們對自由的熱愛與思想的束縛並存，既追求進步又抗拒改變，這種複雜的特質深深根植於他們的文化與血脈之中。

英國人的思維方式如同一把雙刃劍。一方面，他們對知識的追求專注而深入，將所學付諸實踐，使之具體化、制度化。這種務實的態度使他們能夠牢牢守住已經獲得的成果。然而，這種專注也導致某種程度的思想僵化，如同伍爾坎的跛足或胡伯、桑德森的盲目。

他們對自由的熱愛是真摯的，但這種熱愛卻伴隨著對改革的抵制。英國人的思維方式彷彿一隻緊緊抓住地面的烏龜，唯恐被翻轉。這種思想惰性使他們抗拒各種形式的變革，無論是法律、軍事還是社會制度的改革。他們將英國憲法視為完美無缺，拒絕考慮民眾的意見，以此為藉口來維持現狀。

然而，這種表面上的惰性背後，卻隱藏著一股強大的意志力。正如古老的哲學所言，「意志就是權力的尺度」。英國人的成功並非僅僅依靠他們的宗教信仰、商業才能或法律制度，而是源於他們桀驁不馴的性格和刻薄的天性。這種天性使他們能夠將一切轉化為成功的工具。

英國人的行為舉止往往顯得遲緩而沉默，如同賽場上一匹起步緩慢的良駒。但當關鍵時刻來臨，他們卻能爆發出驚人的能量，一舉奪魁。這種特質使他們在感性方面表現出色，但在理性推測上卻略顯遜色。

整體而言，英國人的民族性是一種奇特的混合體，既包含了對自由的熱愛，也包含了思想的束縛；既有改革的渴望，也有對現狀的固守。正是這種矛盾與張力，塑造了英國這個國家獨特的文化魅力和歷史進程。

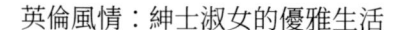

▍封建制度：既是一種桎梏，又是一種機遇

　　封建制度在英國社會中的影響可謂深遠而複雜。這種制度的殘存展現在諸多方面：財產和特權的極度不平等、有限的民權、以身分為基礎的晉升制度，以及根深蒂固的忠君孝主觀念。

　　在這樣的社會結構下，階級之間的鴻溝似乎難以踰越。上層階級對下層人民缺乏同情，而下層人民也不敢奢望上層階級的善意。任何跨越階級界限的善舉都會引起震驚，而下層階級的高論則常常招致上層人士的不滿。

　　然而，從更宏觀的歷史視角來看，封建制度帶來的痛苦相對較少。它在某種程度上造成了制衡作用，防止了自治政府的腐敗行為蔓延，也在一定程度上伸張了正義。

　　更為重要的是，封建制度為一些傑出人才提供了進入議會的機會。像福克斯、伯克、皮特等政治家，都是透過這種途徑進入議會的，而不是依靠贏得多數選民的支持。這種制度雖然不民主，但卻為英國培養了大量優秀人才。

　　事實上，英國在過去 500 年裡培養的傑出人才數量超過了其他任何國家。雖然我們不能期待上帝在萬人中降生十位偉人，但歷史告訴我們，一個阿佛烈、一個莎士比亞、一個彌爾頓等偉人的價值，遠遠超過百萬個平庸之輩。

　　因此，評判英國的真正標準應該是它培養出的傑出人才。封建制度雖有諸多弊端，但它為人才的脫穎而出提供了獨特的土壤，這或許是我們在批評這個制度時需要考慮的另一面。

英倫島嶼：自由精神的搖籃

英格蘭這片土地，如同一座巍峨的燈塔，在歷史的洪流中屹立不倒。它不僅是一個地理概念，更是一種精神的象徵。這裡孕育了無數的偉人志士，他們的思想如同星火，點燃了整個世界的文明之光。

英國人有一種獨特的氣質，他們崇尚個體，珍視每個人的獨特性。在這片土地上，每個人都被鼓勵成為自己想要成為的樣子。這種對個體的尊重，不僅展現在社會生活中，更深深根植於他們的政治制度之中。

《大憲章》的誕生，象徵著英國人民對自由的渴望。正如拉什沃斯所言，它是「一個目無君主的混蛋」。這份檔案挑戰了君權神授的觀念，為後世的民主制度奠定了基礎。七百年來，英國人民透過不懈的努力，逐步完善了這些自由準則，使之成為保障個人權利的堅實堡壘。

然而，自由並非唾手可得。無數的愛國者、殉道者、聖賢者和詩人，用他們的生命和智慧，為這片土地注入了不朽的靈魂。他們的付出，使英格蘭成為自由精神的搖籃，影響著全世界的進程。

即便這座島嶼有朝一日被海水淹沒，它所代表的精神理念卻將永遠存在於人類的集體記憶中。英格蘭不僅僅是一個國家，它更是一種理念，一種追求自由、尊重個體的精神。這種精神，將永遠激勵著後人，為建設一個更加公正、自由的世界而不懈努力。

英倫風情：紳士淑女的優雅生活

帝國之夢與現實的碰撞

　　我站在曼徹斯特科學協會的演講臺上，內心充滿了對這個古老帝國的複雜情感。英格蘭的輝煌與衰敗，傳統與創新，都在這座工業城市中得到了最鮮明的展現。我深知，正是這種矛盾與張力，塑造了英國人獨特的民族品格。

　　演講中，我試圖描繪我眼中的英格蘭：一個承載著千年歷史重擔，卻仍然充滿活力的國度。她像一位飽經風霜的老人，滿懷智慧與經驗，卻又保持著年輕人的好奇心與冒險精神。我讚揚英國人面對挑戰時表現出的堅韌不拔，以及他們在逆境中尋找機遇的能力。

　　然而，我也不曾迴避英格蘭所面臨的困境。工業革命帶來社會變革、階級矛盾、環境汙染等問題，都是這個國家必須面對的現實。我提醒聽眾，帝國的榮耀不應蒙蔽我們的雙眼，使我們忽視社會的不公與人民的苦難。

　　在演講結束後，理查·科布登先生對我的觀點表示了贊同。他認為，只有正視問題，英國才能在新時代中保持競爭力。布蘭克萊閣下則表達了對傳統價值觀的堅持，認為這是英國強大的根源。

　　這場辯論讓我意識到，英國正處於一個關鍵的十字路口。她必須在保持傳統與擁抱變革之間找到平衡，在維護帝國利益與推動社會進步之間尋求共識。

　　離開曼徹斯特時，我對英格蘭的認知更加深刻了。這個國家的未來充滿了不確定性，但我相信，正是這種不確定性，將激發英國人民的創造力和適應力，推動這個古老的國度繼續前行。

帝國之夢與現實的碰撞

跨洋文化交流的啟示

當我踏上英國的土地時，心中充滿了興奮與期待。作為一個來自美國的旅人，我對於即將參加的這場文化盛宴既好奇又忐忑。宴會廳裡聚集了眾多英國文壇和學術界的翹楚，他們的名字早已透過書籍和報刊傳遍大洋彼岸。

我站在演講臺上，環顧四周，看到臺下坐著那麼多我仰慕已久的作家、學者和政治家，不禁感到一陣暈眩。但很快，我就意識到這種距離感其實是虛幻的。因為在美國時，我就已經透過他們的作品認識了他們，了解了他們的思想。

我開始娓娓道來，講述著大西洋兩岸文化交流的奇妙景象。我提到《笨拙》週刊如何將英國的幽默與智慧帶到美國每個角落，讓遙遠的倫敦彷彿近在咫尺。我談到狄更斯的小說如何成為美國讀書人茶餘飯後的話題，甚至連不識字的人也會豎起耳朵聆聽。

我描繪了一幅生動的畫面：美國輪船上的船長案頭擺著英國歷史學家的著作，成為他們了解這片陌生土地的嚮導。這番話引起了在座嘉賓的共鳴，他們意識到文字的力量已經將兩國緊密連繫在一起。

最後，我表達了對這種跨越大洋的文化交流的由衷讚美。它不僅拉近了地理上的距離，更是促進了思想的碰撞與融合。我相信，正是這種交流，才能讓我們在差異中尋找共識，在理解中增進友誼。

當我結束演講時，掌聲響起。我感受到，這不僅是對我個人的肯定，更是對兩國文化交流的美好祝願。

撒克遜精神：英國人的帝國特質與民族特性

這片土地上的人們擁有一種獨特的氣質，一種深植於血脈中的民族特性。我並非來此誇耀或奉承，而是想談談那些歷經歲月洗禮仍屹立不倒的美德。正是這種撒克遜精神吸引著隱居山林的美國人渴望踏上英倫的土地，去親身感受那種是非分明的主流意識，以及對本民族的深厚情感與忠誠。

這種帝國特質源於貴族精神，卻又超越了階級的界限。它滲透到了英國人的骨髓裡，成為他們統治全球的思想武器。有趣的是，擁有這種特質的人往往對其本源視而不見，也不在乎它所帶來的結果。這種特質展現在他們的日常生活中——無論是大宗交易還是小本買賣，英國人始終保持著誠實可靠的作風。

撒克遜民族的這種特性，一方面源於他們內心的良知，另一方面則來自於他們對友情的珍視和彼此之間的尊重。這種情感貫穿於社會的各個階層，無論是選舉領導人，參與慈善活動，還是堅持自己的信念，他們都表現出罕見的一致性和永續性。年復一年，無論老少，這種精神都得到了傳承和發揚。

這種特質與其他民族形成了鮮明的對比。有些民族可能表面熱情，過分殷勤，但關係往往難以長久。而英國人的這種特質，無論是施予者還是接受者，都能感受到其中蘊含的可愛和可敬之處。

正是這種深植於民族靈魂中的品格，使得英國在世界舞臺上始終占有一席之地。它不僅塑造了英國的國家形象，也影響著每一個英國人的日常生活。這種精神既是他們的驕傲，也是他們的責任，激勵著一代又一代的英國人為自己的國家和民族做出貢獻。

帝國之夢與現實的碰撞

先生們，容我繼續闡述我對這片古老土地的敬意與思考。英格蘭，這個曾經統治海洋、引領世界的國度，如今或許已不復昔日輝煌，但她的精神依舊屹立不倒。正如我之前所言，這片土地從不是歌舞昇平的樂園，而是一個經歷過無數風雨洗禮的戰場。

想想看，在這個經濟蕭條、災難頻發的時代，我們依然能夠聚集在此，舉行這場文學慶典，這本身不就是一種對逆境的反抗嗎？這不正是英格蘭精神的真實寫照嗎？我們不需要虛假的歡愉，不需要浮誇的慶祝，我們需要的是那種發自內心的、源於對生活的熱愛和對未來的希望的真摯喜悅。

英格蘭人或許不善於表達，不喜歡將情感外露，但這並不意味著他們缺乏感情。相反，正是這種內斂和克制，造就了他們在危難時刻的堅韌不拔。他們不會因為一時的順境而得意忘形，也不會因為暫時的困難而怨天尤人。這種品格，正是英格蘭能夠在世界舞臺上屹立不倒的根本原因。

讓我們回顧歷史，英格蘭經歷過無數次危機與挑戰，但每一次她都能夠浴火重生。不論是面對外敵入侵，還是內部動盪，英格蘭人總能找到力量，團結一致，共渡難關。這種韌性，這種在逆境中奮起的精神，正是我們今天應該傳承和發揚的寶貴財富。

因此，讓我們為英格蘭歡呼吧！為這個依然充滿活力、與時俱進的古老國度歡呼！她或許不再是那個日不落帝國，但她仍然是那個孕育英雄、培育智者的搖籃。讓我們相信，只要英格蘭的精神不滅，她就永遠有希望，永遠能夠在世界舞臺上占有一席之地。

愛默生的文化觀察與美國情懷

　　愛默生在歐洲的旅行經歷為他提供了豐富的文化觀察素材，也加深了他對美國的認同感。他對於英國文化界的觀察既敏銳又充滿洞察力，特別是對於喬治·可瑞柯桑克這樣的藝術家。愛默生透過奧爾柯特的轉述，了解到可瑞柯桑克的作品並非純粹的想像，而是源於對現實社會的細緻觀察。這種發現讓愛默生意識到，藝術創作與社會現實之間的緊密連繫。

　　然而，愛默生對於紀念日和歷史事件似乎並不特別在意。他那句「每天總有什麼事情發生過去一百年了」的玩笑話，反映出他更傾向於關注當下和未來，而非沉浸在過去的回憶中。這種態度或許也展現了他作為思想家的前瞻性和創新精神。

　　當愛默生回到美國時，他對祖國的自由氛圍感到由衷的喜悅。他認為美國的思想和精神並非局限於書本之中，而是展現在這片土地上，以及美國人的社會制度和創新發明中。這種觀點展現了愛默生對美國文化獨特性的深刻理解和讚賞。

　　在給瑪格麗特·奧斯奧利的信中，愛默生比較了美國和英國的文化特點。雖然他欣賞英國的文化底蘊，但更加珍視美國的開放性和創新精神。這種比較不僅反映了愛默生的文化洞察力，也展現了他作為美國思想家的愛國情懷。

　　透過這些觀察和比較，愛默生不僅深化了自己的文化理解，也為美國的文化身分認同做出了重要貢獻。他的思考和書寫，為後世留下了寶貴的文化遺產，幫助我們更容易理解 19 世紀美國知識分子的思想世界。

　　愛默生對英國的觀察和評價，不僅僅是一個外國人的視角，更是一

個理想主義者對現實世界的深刻洞察。在這部作品中，愛默生以其獨特的視角和文筆，為我們勾勒出了一幅生動而複雜的英國圖景。

他對英國人的讚美並非出於盲目的崇拜，而是建立在深入觀察和思考的基礎之上。愛默生認為，英國人的素養和本質是世界上最為優秀的，這種評價來自於他對英國社會各個層面的細緻觀察。他並不急於向美國人介紹英國的名人，也不想向英國人展示美國的知名人士，而是選擇在各自的國度裡展現他們的風采。這種做法展現了愛默生對文化差異的尊重和理解。

然而，愛默生的讚美並非無條件的。作為一個理想主義者，他也對英國的物質文明提出了批評和質疑。這種批評不僅沒有引起英國人的反感，反而成為這部作品的亮點之一。理查‧加尼特博士在評論中指出，愛默生成功地將自己與英國人連繫在一起，並且雙方都在這個過程中有所收穫。

愛默生的這種態度和方法，展現了一個真正的思想家的胸懷和智慧。他既能欣賞英國的優點，又能指出其不足；既能以理想主義者的身分提出批評，又能以開放的態度接受不同的文化。這種平衡的視角，使得本書成為一部既有深度又有廣度的文化評論作品。

在當今這個文化交流日益頻繁的時代，愛默生的這種觀察和思維方式仍然具有重要的啟示意義。它告訴我們，要以開放和尊重的態度去理解不同的文化，同時也要保持獨立思考的能力，勇於表達自己的真知灼見。

愛默生的文化觀察與美國情懷

愛默生之英國人的特性（筆記版）：

從階級制度到文化矛盾，美國文明之父筆下的 19 世紀英國生活與風貌

作　　　者：	[美] 愛默生（Ralph Waldo Emerson）
編　　　譯：	伊莉莎
發 行 人：	黃振庭
出 版 者：	複刻文化事業有限公司
發 行 者：	複刻文化事業有限公司
E - m a i l：	sonbookservice@gmail.com
粉 絲 頁：	https://www.facebook.com/sonbookss/
網　　　址：	https://sonbook.net/
地　　　址：	台北市中正區重慶南路一段 61 號 8 樓 8F., No.61, Sec. 1, Chongqing S. Rd., Zhongzheng Dist., Taipei City 100, Taiwan
電　　　話：	(02)2370-3310
傳　　　真：	(02)2388-1990
印　　　刷：	京峯數位服務有限公司
律 師 顧 問：	廣華律師事務所 張珮琦律師
定　　　價：	350 元
發 行 日 期：	2024 年 11 月第一版

◎本書以 POD 印製

Design Assets from Freepik.com

國家圖書館出版品預行編目資料

愛默生之英國人的特性（筆記版）：從階級制度到文化矛盾，美國文明之父筆下的 19 世紀英國生活與風貌 / [美] 愛默生（Ralph Waldo Emerson）著，伊莉莎 編譯. -- 第一版. -- 臺北市：複刻文化事業有限公司, 2024.11
面；　公分
筆記版、POD 版
譯自：English traits
ISBN 978-626-7595-99-2(平裝)
1.CST: 民族文化 2.CST: 社會生活 3.CST: 英國
741.3　　　　　113017454

電子書購買

爽讀 APP　　臉書